KOCHHELDEN

REZEPTE FÜR DAS WAHRE LEBEN

MAX SUSSMAN + ELI SUSSMAN

FOTOS ALEX FARNUM

ILLUSTRATIONEN DIANA HEOM

Callwey

Sonntagsbrunch

SEITE 15

Eigentlich sollte Brunch ein offizieller Feiertag sein. Denn diese wöchentliche Tradition erlaubt es uns, auszuschlafen, im Pyjama rumzuhängen, tagsüber Alkohol zu trinken und Butter, Honig, Sauce und Marmelade auf die Teller zu kleckern. Wenn Sie eine Mitbringparty veranstalten, dann sind Sie für den Rest der Woche mit Überbleibseln versorgt und können den übrigen Tag in trauter Zweisamkeit mit dem Sofa verbringen.

Grill-Futter

SEITE 33

Für das sommerliche Nirwana braucht man nichts weiter als ordentliche Getränke, etwas gutes Fleisch und ein Eckchen für den Grill. Suchen Sie sich unter Ihren Freunden einen Poolbesitzer und machen Sie sich beliebt, indem Sie seine dringendsten Bedürfnisse erfüllen: Fleisch zum Grillen und gekühlte Getränke. Dann bringen Sie das Futter und ein paar Sixpacks mit und Sie sind soweit. Kein Poolbesitzer in Sicht? Dann nehmen Sie jemanden mit einem großen Grundstück, einer Dachterrasse oder mit Haus am See.

Ein Abend daheim

Fast hätten wir gesagt: In diesem Kapitel geht es um Sex. Ja, es geht auch um Essen. Aber wenn Sie jemanden zum Essen einladen – also nur Sie und eine andere Person –, ist Ihr vorrangiges Ziel vielleicht nicht unbedingt ein perfektes Gericht. Egal, wie gut Sie in der Küche sind, es ist eine Win-Win-Situation: Mit leckerem Essen ist man der sexy Koch, mit misslungenem wird man dafür geliebt, dass man alles gegeben hat. Ihr Rendezvouspartner ist schon in Ihrer Wohnung, was schräge Abschiedszenen im Auto hinfällig macht. Was wir sagen wollen: Wenn Sie das nicht hinkriegen, sind Sie ein hoffnungsloser Fall.

SEITE 57

Dinnerparty

SEITE 85

Ihre erste Dinnerparty ist zu einer ausgewachsenen Fete ausgeartet, statt das „erwachsene" Ereignis zu sein, das Sie sich ausgemalt hatten? Es ist wie mit einem guten Wein: auch Ihre Dinnerpartys werden mit der Zeit besser. Hier finden Sie unsere besten Rezepte, um eine Gruppe von Leuten zu verköstigen. Nicht lange nachdenken oder Zeit damit vergeuden, Profis zu kontaktieren: Ihre Freunde scheren sich einen Dreck um Serviettenhalter. Halten Sie es simpel, lassen Sie die Gäste für Getränke sorgen und legen Sie Soul auf. Die Leute werden darum betteln, wieder eingeladen zu werden.

Mitternachtssnacks

SEITE 123

Wenn wir nach Mitternacht von der Arbeit nach Hause kommen, haben wir einen Bärenhunger. Dann brauchen wir etwas, das uns über Wasser hält, bevor wir einen trinken gehen, vor dem Laptop zusammenbrechen oder ins Bett kriechen. Diese Snacks kann man jederzeit zubereiten. Das Besondere ist, dass sie schnell gehen und aus Zutaten bestehen, die man meistens im Haus hat. Also, wenn Sie JETZT SOFORT etwas essen müssen, dann sind hier die Rezepte.

Süßkram

SEITE 141

Man hat den Eindruck, dass es in jeder Kochshow ums Backen geht. (Wer hat jemals zuvor so viel Getue um das Backen von Cupcakes gemacht?) Aber das hat auch seinen Sinn. Wenn die Bedingungen stimmen, kann jeder ein bisschen Platz für ein Dessert schaffen. Wenn Sie etwas wirklich dekadent Fettes oder auch leichtere, fruchtigere Varianten suchen, haben wir ein paar unserer Favoriten zusammengestellt. Und das will schon was heißen, wenn das zwei Kerle sagen, die lieber noch ein Stückchen Fleisch essen, statt zu einem Stück Kuchen zu greifen.

Rob Delaney
VORWORT

Worauf freuen Sie sich am meisten beim Aufstehen? Darauf, möglichst bald wieder ins Bett zu kriechen? Ich auch. Meines ist ein California King Bed, das für mich wie ein kuscheliges kleines Raumschiff ist, in dem ich der kuschelige kleine Spaceboss sein darf. Mein nächster Wunsch ist der nach Essen. Wenn ich „Essen" sage, dann spreche ich nicht etwa von reiner Nahrungsaufnahme. Was ich meine, ist, dass danach mein Magen-Tacho gefährlich weit ausschlagen muss und meine Hosen ihre Dehnbarkeit überschreiten. Habe ich schon erwähnt, dass ich ein Halbauto bin? Wie bitte, fragen Sie? Wir schreiben das Jahr 2012 und Autos ernähren sich von Schinken, also Klappe. Nun, ich bin vielleicht ein Fresssack, aber ein anspruchsvoller. Mein ganzes erwachsenes Leben habe ich in New York, Paris oder Los Angeles verbracht und meine Geschmacksnerven sind in dieser Zeit sehr sexy gereift. In den letzten Jahren habe ich begonnen, für mich und meine Familie und all diejenigen zu kochen, die sich nicht davor fürchten, mir beim Essen zuzusehen. Und da man besser alles, was man macht, gleich auch gut macht (besonders, wenn es im Mund verschwindet), bin ich von diesem Buch begeistert. Meiner Ansicht nach verdient es den Titel „Bauchbibel". (Hinweis des Herausgebers: Jeder, einschließlich Autoren, hielt das für eine schlechte Idee.)

Es ist bekannt, dass Kochen und Essen gefährlich sind; täglich sterben Menschen dabei. Deshalb braucht man unbedingt ein Handbuch für die Küche. Mit den Sussmans bekommt man gleich zwei Handbücher, also ist für Sie die Wahrscheinlichkeit zu sterben mit diesem Buch nur halb so hoch wie mit einem anderen Kochbuch. Die Sussman-Brüder schlafen vermutlich in Hochbetten in der mütterlichen Speisekammer, die aus großen Käserädern und Salami bestehen. Aber das gehört dazu: Wir wissen, dass sie gut im Erfinden grotesk köstlicher Gerichte sind, die auch noch einfach zu machen sind, egal, ob man dumm, betrunken oder *Maroon 5* ist.

Blättern Sie durch dieses Buch – ohne es aufzuessen – und werfen Sie einen Blick auf das gegrillte Fleischklopssandwich, Pulled Pork und die Schokoladen-Erdnussbutter-Pie. Sehen Sie sich an, wie einfach die Rezepte sind. Sie wollen es, stimmt's? O. k., Sie dürfen es jetzt ablecken. Lecken Sie das Buch ab. Es bleibt unter uns. Nachdem Sie es abgeleckt haben, benutzen Sie es. Kochen Sie die Gerichte nach und essen Sie sie. Sie werden glücklich sein, es getan zu haben.

DIE Sussman-Brüder schlafen vermutlich in Hochbetten in der mütterlichen Speisekammer, die aus großen Käserädern und Salami bestehen.

Einleitung

Wir wollen ganz ehrlich mit Ihnen sein – wir sind völlig besessen von Essen. In unserer Wohnung listet eine Tafel die Restaurants auf, die wir ausprobieren wollen. Der eine von uns hat Albträume von Essensbestellungen, der andere wahnhafte Tagträume von der größten Sandwich-Kreation der Welt. Essen bestimmt unser Leben – beruflich und privat. (Diskussionen darüber, wo wir an unseren freien Tagen essen gehen, lösen gerichtsreife Dramen aus, mit Debatten und Beweisführungen von beiden Seiten.) Und, ganz ehrlich, wir würden es nicht anders wollen. Wir lieben es über alles, Neues zu entdecken. Neue Gerichte auszuprobieren ist für uns der Weg, etwas über andere Kulturen zu lernen. Uns ist natürlich klar, dass es Leute gibt, die nicht so abenteuerlustig sind und einen kleinen Anstoß brauchen, um neue Gerichte zu probieren. Dieses Kochbuch gibt den Anstoß – weg von Tiefkühlgerichten und genormtem Essen aus Restaurantketten. Es gibt Ihnen einen Einblick in die Küchen fremder Länder, zeigt Ihnen Aromakombinationen, auf die Sie nie gekommen wären, und Techniken, die Sie nur aus dem Fernsehen kennen.

Jeder will essen, und kochen zu können ist eine lebenswichtige Fähigkeit. Einzelne Lebensmittel zu einem Gericht zusammenzufügen, ist eine Kunst, die ihre Faszination niemals verlieren wird. Wir haben all unser Kochwissen aus mehr als zehn Jahren immer weiter vereinfacht. So hilft Ihnen unser Buch dabei, schnurstracks leckere Gerichte für andere oder einfach nur für Sie selbst zu kochen.

Kleine Küchen sind keine Ausrede (45 Rezepte in diesem Buch wurden nur mithilfe von zwei Herdplatten zubereitet, um sie zu testen und zu fotografieren). Wenn in Ihrer Küche genug Platz zum Stehen ist, können Sie alles aus diesem Buch darin nachkochen. Wir haben ein Brett über das Spülbecken gelegt, einen Mülleimer als Ablage benutzt und die Gewürzdosen bis zur Decke gestapelt – jeden Trick und alles Wissen, das wir uns angeeignet haben, wollen wir mit Ihnen teilen. Dieses Buch zu besitzen ist fast so gut, wie uns zur Seite zu haben.

Für alle Techniken, die Sie bisher vermieden haben – Grillen, Schmoren, eine Sauce reduzieren, Pasta selbst machen –, gibt es nur einen Weg, gut darin zu werden: es auszuprobieren. Wenn Sie sich davor fürchten, dass Ihnen etwas anbrennt, werden Sie es nie lernen. Wenn Sie glauben, der typische Fastfood-Vertreter zu sein, seien Sie doch nicht so langweilig! Und wenn Sie behaupten, es einfach nicht zu können, liegen Sie völlig falsch. Blättern Sie um und fangen Sie an!

Max & Eli

Was wir GERNE KOCHEN

max Am liebsten koche ich einfache Gerichte, die gut schmecken. Saisonales, nicht zu exaltiertes Zeug. Viel Fleisch, viel Gemüse. Ich liebe es, einfach ohne Einkaufsliste und Rezept im Kopf loszustiefeln, interessante Dinge einzukaufen und auszuprobieren, was man daraus machen kann. Es macht Spaß, sich ein paar lecker aussehende Zutaten zu greifen und damit Neues zu schaffen.

eli Ich koche am liebsten solche Sachen, die man in Diners oder Delis bekommt. Einfache Klassiker wie Hähnchensalat oder Club-Sandwich, Knoblauch-Kartoffelpüree, pfannengerührten Reis und schnelle Pastagerichte mit Gemüseresten aus dem Kühlschrank – einfach anbraten und fertig. Pommes aus dem Ofen liebe ich auch. Mit einem Sandwich, einem Steak oder einem Hackbraten sind sie unwiderstehlich. Fleisch, Brot und Pasta sind definitiv meine Standards. Schnell gemachte Hausmannskost, das ist es, was ich für mich selbst koche.

zu BEGINN

eli Unser erster gemeinsamer Koch-Job war im Kinder-Sommerlager. Max war der Koch. Eines Abends ließ er mich die Arbeit machen und ich schaffte es, die Suppe für 200 Leute anbrennen zu lassen. Zehn Minuten vor dem Essen kratzte ich noch die stinkende Masse vom Topfboden. Schnell warfen wir irgendwelche Reste zusammen und die meisten aßen dann Erdnussbutter-Marmeladen-Sandwiches. Es war ein echtes Horror-Essen und die Leute waren richtig sauer auf mich. Dieses große Experiment öffnete mir die Augen. Immer wenn ich koche, muss ich daran denken. Ich will nicht wieder der Junge sein, der die Suppe (oder was anderes) angebrannt hat.

max Das war derselbe Sommer, in dem ich meine Zeit damit verbrachte, das Reiskochen zu erlernen. In der einen Woche war er angebrannt, in der nächsten wässrig und kalt. Jede Woche war irgendwas. Wie kocht man für 200 Leute Reis ohne einen Reiskocher? Wir versuchten es weiter, jede Woche eine andere Technik. Zum Schluss hatten wir es! Ein unbeschreibliches Gefühl – wie wenn man einen aussichtslosen Kampf gewinnt oder uralte Ängste besiegt.

eli Das Gute daran ist, dass man aus solchen Niederlagen lernt und es garantiert nie wieder so machen wird.

max Jeder, der geschickter in der Küche ist als man selbst, hat schon all diese Fehler und noch eine Menge mehr gemacht. Um besser zu werden, muss man da durch. Wir sind bei Ihnen und ebnen Ihnen den Weg.

eli Es wird immer Dinge geben, die einfach nicht zusammenpassen, und Fehler lassen sich nun mal nicht immer vermeiden. (Einmal bin ich beim Chicken-Nuggets-Machen eingeschlafen und habe fast das Haus abgefackelt.) Selbst wenn ein Gericht gut gelingt, gibt es etwas, das wir beim nächsten Mal noch besser machen können. Wir lernen immer weiter und arbeiten täglich daran, noch besser zu werden.

★ 11

Warum wir kochen (können)

max Wir sind in einer Familie aufgewachsen, in der Essen und Kochen eine wichtige Rolle spielten. Von meiner Mutter lernte ich schon sehr früh, dass der Akt des Kochens und des anschließenden Essens genauso wichtig ist wie die Lebensmittel, die man dafür verwendet. Das Ding ist, es bringt Menschen zusammen. Bei uns gab es jeden Abend ein gemeinsames Abendessen. Zuerst war Kochen für mich nur eine Freizeit-beschäftigung – bis ich anfing, in Restaurants zu arbeiten.

eli Mein erster Job war im Gastronomiebereich des Detroiter Zoos, dort war ich für den Grill zuständig. Das bedeutete stundenlang unfassbare Mengen an Burgern, brütende Hitze, Hunderte schreiende Kinder und brüllende Eltern – und jeder wollte vor fünf Minuten seinen Burger gehabt haben. Ein grau-enhafter erster Koch-Job.

max Einen meiner ersten Koch-Jobs hatte ich in einem mak-robiotischen vegetarischen Restaurant, wo ich für die Salate zuständig war. Danach bereitete ich in der Snackbar einer Jurafakultät Käsesandwiches zu und Pizzajunge war ich auch schon. Alles habe ich gemacht – von Corned Beef in einem jüdischen Deli über Muschelkochen in einem feinen Mittags-restaurant in Ann Arbor bis zum Braten ganzer Lämmer über offenem Feuer in einer südamerikanischen Fischlodge.

eli Heute arbeite ich in einem Restaurant in Brooklyn. Dort lerne ich kontinuierlich dazu und auch von Max habe ich mir eine Menge abgeguckt. Neulich haben wir zusammen Schweinebraten zubereitet. Ich halte die Augen immer offen und schaue, wie es andere machen. Sich mit erfahreneren Menschen zu umgeben, ist die beste Methode, besser zu werden. Mit diesem Buch helfen wir Ihnen, aus unseren Feh-lern zu lernen und von unserer Erfahrung zu profitieren. Klauen Sie von uns das Wissen, das wir über die Jahre gesammelt haben.

AUS DEM BETT KRIECHEN UND EINE SOUL-PLATTE AUFLEGEN – ZEIT FÜR EIER UND TAGTRÄUMEREIEN.

Sonntagsbrunch

FRÜHSTÜCK VON MONTE CHRISTO 16

CHILAQUILES MIT TOMATILLOSALSA 19

FRITTIERTES HÄHNCHEN UND WAFFELN 20

BUTTERMILCHKEKSE MIT CHORIZOSAUCE 21

LATKES MIT VIELEN SAUCEN 22

PROJEKT: SPECK MACHEN 24

POLENTA MIT KÄSE, POCHIERTEN EIERN UND SAUTIERTEM SPARGEL 27

ZWIEBEL-GRUYÈRE-KARTOFFEL-TARTE 28

GEBACKENE TÜRKISCHE EIER 30

NUTELLABRÖTCHEN 31

EINE EHER UNBEKANNTE TATSACHE AUS DER LITERA-
TUR IST, DASS EDMOND DANTÈS DIE 14 JAHRE AUF DEM
CHÂTEAU D'IF GAR NICHT AUFGRUND SEINER RACHE-
PLÄNE GEGEN FERNAND, DANGLARS UND VILLEFORT
ÜBERSTAND. EIGENTLICH GING ES IHM NUR DARUM,
DIESES SANDWICH ESSEN ZU KÖNNEN.

4 PORTIONEN

Frühstück von Monte CHRISTO

4 GROSSE EIER

60 G SAHNE

1 TL SALZ

1 TL ZUCKER

4 ENGLISCHE MUFFINS, IN
SCHEIBEN GESCHNITTEN

4 DÜNNE SCHEIBEN
GRUYÈRE

4 DICKE ODER DÜNNE SCHEI-
BEN RÄUCHERSCHINKEN

DIJONSENF
NACH GESCHMACK

3 EL BUTTER

LIEBLINGSMARMELADE,
AHORNSIRUP
UND/ODER PUDERZUCKER
ZUM SERVIEREN

1. Den Ofen auf 180 °C vorheizen.

2. Eier, Sahne, Salz und Zucker in einer großen Schüssel verquirlen. Die Hälften der Muffins hineinlegen und 10 Minuten einweichen lassen, nach der Hälfte der Zeit wenden.

3. Um die Muffins zu belegen, eine Muffinhälfte aus dem Teig nehmen, den Überschuss zurück in die Schüssel tropfen lassen und die Muffinhälfte mit der Schnittfläche nach unten auf einen Teller legen. Eine Käsescheibe auf den Muffin legen, gefolgt von 1–2 Scheiben Schinken. Nach Belieben einen kleinen Klecks Senf daraufgeben. Eine zweite Muffinhälfte mit der Schnittfläche darauflegen und die übrigen Sandwiches auf gleiche Weise herstellen.

4. Die Hälfte der Butter in einer großen, ofenfesten Pfanne bei mittlerer Hitze schmelzen lassen. Die Sandwiches vorsichtig hineinlegen und ca. 3 Minuten braten, bis sie am Boden leicht gebräunt sind. Die übrige Butter in der Pfanne schmelzen und durch Schwenken darin verteilen. Die Sandwiches mit einem breiten Pfannenwender wenden. Die Pfanne ca. 10 Minuten in den Ofen stellen, bis der Käse schmilzt und Blasen wirft, dabei die Sandwiches einmal wenden. Sofort mit der Lieblingsmarmelade, Ahornsirup und/oder Puderzucker am Tisch servieren.

SIE HABEN EINEN KATER. SIE HABEN CHIPS. SIE
WOLLEN FRÜHSTÜCK. WIR HABEN DIE LÖSUNG,
LESEN SIE EINFACH WEITER.

CHILAQUILES mit Tomatillosalsa

4 PORTIONEN

FÜR DIE TOMATILLOSALSA

1,5 KG TOMATILLOS (AUS
DEM LATEINAMERIKANISCHEN
FEINKOSTLADEN, ERSATZ-
WEISE AUS DER DOSE)

½ ZWIEBEL,
GROB GEWÜRFELT

1 JALAPEÑO-CHILI

2 KNOBLAUCHZEHEN

2 EL NATIVES OLIVENÖL
EXTRA

SALZ

BLÄTTER VON EINEM BUND
KORIANDER, GROB GEHACKT

4 GROSSE EIER

2 EL OLIVENÖL

375 G ÜBRIG GEBLIEBENES
ODER FERTIG GEKAUFTES
GEBRATENES HÄHNCHEN-
FLEISCH, ZERKLEINERT
(NACH BELIEBEN)

1 GROSSE PACKUNG
TORTILLACHIPS, MÖGLICHST
DICKE SCHEIBEN

GERIEBENER QUESO
FRESCO ZUM SERVIEREN

1. Für die Tomatillosalsa den Ofen auf 200 °C vorheizen. Die papierartigen Hülsen von den Tomatillos entfernen und die Früchte unter fließendem warmem Wasser abwaschen, um die klebrige Schicht zu entfernen. Die Tomatillos zusammen mit der Zwiebel, der Jalapeño-Chili, dem Knoblauch, dem Olivenöl und Salz nach Geschmack in eine große Schüssel geben und gut vermischen. Auf einem Backblech verteilen und 20–25 Minuten backen, bis die Haut der Tomatillos und Chili Blasen wirft und weich ist. Leicht abkühlen lassen, dann den Stiel der Chili und einen Teil oder, wenn es nicht so scharf sein soll, alle Samen entfernen. Chili zusammen mit dem Rest vom Backblech in einem Mixer grob pürieren. In einer Schüssel abkühlen lassen, dann die Hälfte des Korianders unterrühren. Abschmecken und beiseite stellen.

2. Das Olivenöl in einer kleinen Pfanne erhitzen. Die Eier vorsichtig in die Pfanne schlagen, ohne das Eigelb zu verletzen. Spiegeleier bei mittlerer Hitze etwa 5 Minuten braten, bis das Eiweiß gerade gestockt ist.

3. Die Tomatillosalsa zusammen mit dem Hähnchenfleisch, wenn Sie es verwenden, in einem Topf aufwärmen, bis sie zu köcheln beginnt. Die Chips auf einem Servierteller anrichten und eine Schicht Salsa mit Hähnchen darauf verteilen. Mit etwas geriebenem Käse und der Hälfte des restlichen Korianders bestreuen. Die Spiegeleier vorsichtig darauflegen, mit geriebenem Käse und Koriander garnieren und sofort servieren.

BEIM BRUNCH STELLT SICH OFT DIE FRAGE, OB SÜSS ODER SALZIG. FÜR ALLE
UNENTSCHLOSSENEN GIBT ES HIER DESHALB HÄHNCHEN UND WAFFELN: EIN
BISSCHEN FRÜHSTÜCK, EIN BISSCHEN MITTAGESSEN. AUCH WER ES NOCH
NICHT KENNT, WIRD SCHNELL VERSTEHEN, WARUM SICH IN DEN USA SOGAR
EINE RESTAURANTKETTE AUF DIESE KOMBINATION SPEZIALISIERT HAT.

Frittiertes Hähnchen
mit Waffeln

6 PORTIONEN

FÜR DAS HÄHNCHEN

1 L BUTTERMILCH

SALZ UND FRISCH GEMAHLE-
NER SCHWARZER PFEFFER

2 TL CAYENNEPFEFFER

1 GANZES HÄHNCHEN,
(1,5–2 KG), IN 6 STÜCKE
GESCHNITTEN

3 L PFLANZENÖL

625 G MEHL

FÜR DIE WAFFELN

300 G MEHL

2 EL ZUCKER

1 TL BACKPULVER

½ TL BACKNATRON

3 GROSSE EIER, GETRENNT

375 ML MILCH

4 EL (60 G) BUTTER, ZER-
LASSEN UND ABGEKÜHLT

AHORNSIRUP ZUM SERVIEREN

1. Für das Hähnchen Buttermilch, 1 EL Salz und Cayennepfeffer in einer
großen Schüssel mischen. Die Hähnchenstücke hineinlegen. Abdecken
und mindestens 2 Stunden, besser über Nacht, kühl stellen.

2. Zum Frittieren das Öl in einem Frittier- oder Suppentopf auf ca. 180 °C
erhitzen (mit einem Frittierthermometer prüfen). Mehl, 2 TL Salz und
1 TL schwarzen Pfeffer in einer großen Schüssel mischen. Das Hähnchen
aus der Buttermilch nehmen, gut abtropfen lassen und in der Mehlmischung
wenden. Vorsichtig mit einer Küchenzange in das heiße Fett gleiten lassen.
Etwa 12 Minuten goldbraun frittieren. Dabei wenden, wenn nötig. Auf Küchenpapier abtropfen lassen und noch warm nachwürzen. Im Ofen warm halten.

3. Für die Waffeln Mehl, Zucker, Backpulver, Backnatron und 1 TL Salz
in einer großen Schüssel mischen. Die Eigelbe mit der Milch und der
geschmolzenen Butter in einer mittelgroßen Schüssel verquirlen. Das
Eiweiß in einer dritten Schüssel mit dem Mixer zu festem Eischnee schlagen.
Die Milchmischung und die Mehlmischung kurz miteinander verrühren, sodass
das Ganze noch etwas klumpig ist. Den Eischnee mit einem Teigschaber
unterheben. Das Waffeleisen aufheizen, jeweils ca. 125 ml Teig hineingießen; knusprig und goldbraun backen. Im Ofen warmhalten, bis alle Waffeln
gebacken sind.

4. Hähnchen und Waffeln auf 6 Teller verteilen, mit Ahornsirup beträufeln
und sofort servieren.

Buttermilch-kekse mit CHORIZO-SAUCE

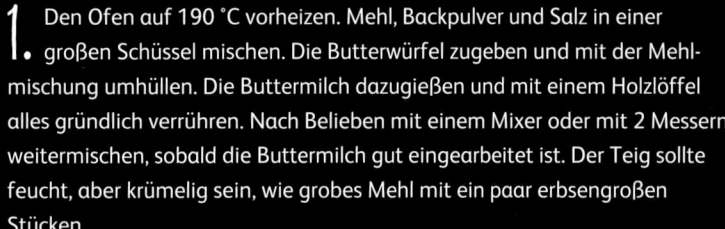

4 PORTIONEN

IN EINER SEITENSTRASSE VON ANN ARBOR, MICHIGAN, VERWANDELN JEDEN FREITAGMORGEN FREIWILLIGE UND WECHSELNDE KÖCHE EINE PRIVATWOHNUNG IN EIN RESTAURANT, DAS SELMA CAFÉ. ES RÜHMT SICH, NUR REGIONALE ZUTATEN ZU VERWENDEN, UND ZWAR BIS HIN ZUM MEHL. AUCH WIR HABEN DORT SCHON ÖFTER GEKOCHT UND DIESES GERICHT WAR JEDES MAL EIN RIESENERFOLG.

FÜR DIE KEKSE

400 G MEHL, GESIEBT, PLUS ETWAS ZUM BEMEHLEN

2 EL BACKPULVER

1½ TL SALZ

1 PÄCKCHEN (250 G) KALTE BUTTER, FEIN GEWÜRFELT

325 ML BUTTERMILCH

FÜR DIE SAUCE

CHORIZO-SAUCE (SEITE 152), ERHITZT

50 G GEHACKTE FRÜHLINGSZWIEBELN

15 G SEHR FRISCHE KORIANDERBLÄTTCHEN

1. Den Ofen auf 190 °C vorheizen. Mehl, Backpulver und Salz in einer großen Schüssel mischen. Die Butterwürfel zugeben und mit der Mehlmischung umhüllen. Die Buttermilch dazugießen und mit einem Holzlöffel alles gründlich verrühren. Nach Belieben mit einem Mixer oder mit 2 Messern weitermischen, sobald die Buttermilch gut eingearbeitet ist. Der Teig sollte feucht, aber krümelig sein, wie grobes Mehl mit ein paar erbsengroßen Stücken.

2. Den Teig auf eine gründlich bemehlte Arbeitsfläche geben. Die Hände leicht bemehlen und den Teig zu einem Hügel formen, dann vorsichtig zu einem etwa 5 cm dicken Rechteck kneten. Arbeitsfläche und Hände zwischendurch immer wieder bemehlen, damit der Teig nicht klebt.

3. Das Rechteck in der Mitte zu einem Quadrat zusammenfalten, wieder zu einem Rechteck formen. Das Ganze fünfmal wiederholen, zuletzt sollte der Teig etwa 4 cm dick sein. Mit einem Förmchen, Ringausstecher oder Glas Kekse ausstechen. Den Teig immer wieder zusammenkneten und so viele Kekse wie möglich ausstechen.

4. Kekse mit Abstand auf einem Backblech verteilen. 35–40 Minuten goldbraun backen, nach 20 Minuten das Backpapier um 180 Grad drehen.

5. Zum Servieren je 2 Kekse auf 4 Tellern anrichten und die Chorizosauce darüber verteilen. Mit Frühlingszwiebeln und Koriander garniert sofort servieren.

JEDES JAHR AN HANUKKAH MACHT UNSER VATER DIESE KEKSE IN RAUEN MENGEN. ER LEGT ZEITUNGSPAPIER AUF DEM BODEN AUS, NUTZT JEDE HERDPLATTE UND DAS HAUS STINKT EINE WOCHE LANG. SIE SCHMECKEN HERVORRAGEND, WESHALB SIE AUCH IN UNSER BUCH GEHÖREN UND ES SIE BEI UNS FAST JEDES WOCHENENDE GIBT. DIESES REZEPT HAT UNSER VATER GETESTET.

4-6 PORTIONEN

FÜR DIE RÄUCHERLACHS-SAUCE

250 G SAURE SAHNE

90 G RÄUCHERLACHS, GEWÜRFELT

1 EL SCHNITTLAUCHRÖLLCHEN

FÜR DIE APFELSAUCE

275 G APFELMUS

1 EL ZIMT

1 EL BRAUNER ZUCKER

1 EL KRISTALLZUCKER

1 TL GEMAHLENER INGWER

4 ROTE KARTOFFELN, GESCHÄLT

1 ZWIEBEL, GEHACKT

3 GROSSE EIER, LEICHT VERQUIRLT

50 G PLUS 2 EL MEHL

2 EL SCHNITTLAUCHRÖLLCHEN

1 KNOBAUCHZEHE, GEHACKT

SALZ UND FRISCH GEMAHLENER SCHWARZER PFEFFER

OLIVENÖL ZUM BRATEN

LATKES mit vielen Saucen

1. Den Ofen auf 95 °C vorheizen. Einen Grillrost auf ein Backblech legen und beiseite stellen.

2. Für die Saucen alle jeweiligen Zutaten in kleinen Schüsseln verrühren. In Servierschüsseln geben und in den Kühlschrank stellen.

3. Die Kartoffeln mit einer groben Reibe in eine große Schüssel mit Wasser reiben. Dann das Wasser abschütten und die Kartoffeln unter fließendem kaltem Wasser ausspülen. Wieder gut abtropfen lassen und so viel Wasser wie möglich ausdrücken. Die Kartoffeln in ein sauberes Geschirrtuch wickeln und noch mehr Feuchtigkeit ausdrücken, dann in eine große Schüssel geben. Die Zwiebelstücke in doppelt gelegtes Küchenpapier wickeln und so viel Feuchtigkeit wie möglich ausdrücken, in die Schüssel geben. Eier, Mehl, Schnittlauch und Knoblauch zugeben, mit Salz und Pfeffer abschmecken und gut vermischen.

4. In einer große Pfanne ca. 1 cm hoch Öl erhitzen. Mit den Händen eine Portion der Kartoffelmischung zu einer Kugel in der Größe eines Golfballs formen und zu einem sehr dünnen Küchlein drücken. Die Feuchtigkeit mit Küchenpapier aufsaugen und die Küchlein bei mittlerer Hitze im Fett ausbacken. Je 2–3 Latkes in die Pfanne geben – sie sollen sich nicht überlappen. Ca. 3 Minuten auf jeder Seite goldbraun backen. Auf den Grillrost legen und mit dem Backblech in den warmen Ofen stellen. Die übrigen Latkes backen und ebenfalls warmhalten. Mit den Saucen sofort servieren.

SPECK
machen

Glauben Sie uns: Selbst Speck zu pökeln und zu räuchern ist der beste Test der eigenen Improvisationsfähigkeit. Einen Hauch an Mac-Gyver-Qualitäten braucht man einfach, um die Räuchergerätschaften zu beherrschen. Rauszugehen und sich die Hände schmutzig zu machen ist eine davon. Unser Tipp: Wenn Sie die Geduld verlieren, sorgen ein paar Bier für Entspannung. Ein Ikea-Regal aufzubauen oder ein Baumhaus zu zimmern ist hundertmal stressiger, als Speck zu räuchern. Und zum Schluss kann man Räucherspeck essen – der Tag war also garantiert sinnvoll genutzt.

Das rosafarbene Pökelsalz bekommt man in Metzgereien, bei Gastronomiegroßhändlern oder im Internet. Man verwendet nur sehr geringe Mengen, denn es enthält Nitrit, das antibakteriell wirksam ist. Die rosa Farbe hat es, damit man es nicht mit Tafelsalz verwechseln kann.

UNSER TIPP: Wenn Sie die Geduld verlieren, sorgen ein paar Bier für Entspannung.

PÖKELN

FÜR DIE PÖKELMISCHUNG

1 KG SALZ

330 G BRAUNER ZUCKER

20 G SCHWARZER GEMAHLENER PFEFFER

¼ TL ROSA SALZ (SEITE 24)

2,5 KG SCHWEINEBAUCH OHNE HAUT

Wichtig: Das rosa Salz nicht mit der Haut in Berührung bringen! Am besten Einweghandschuhe tragen.

Alle Zutaten für die Pökelmischung in einer großen Schüssel gründlich mischen.

Eine neutrale Schüssel (also aus Plastik, Keramik, Glas oder rostfreiem Stahl), in die der Schweinebauch gut hineinpasst, mit einer Schicht Pökelmischung ausstreuen.

Das Fleisch hineinlegen und die restliche Pökelmischung darauf verteilen. Mit Einweghandschuhen oder einem Löffel die Stellen einreiben, die noch nicht bedeckt sind. Dann fest in Frischhaltefolie einwickeln und 2 Tage in den Kühlschrank legen.

Am Ende des zweiten Tages testen, ob das Fleisch fertig ist. Dazu eine möglichst dünne Scheibe abschneiden und wegwerfen. An dieser Schnittstelle ein etwa 6 mm dickes Teststück abschneiden. Es sollte fest sein und trocken aussehen. Nun den Geschmack testen. Dazu das Fleisch in der Pfanne braten. Es sollte würzig und leicht süß schmecken.

Ist das Fleisch nicht fest, trocken und aromatisch, muss es noch einen weiteren Tag pökeln.

Nach 2–5 Tagen ist es fertig. Dann gut unter fließendem Wasser abwaschen, trocken tupfen und auf einem Backrost über Nacht kühl stellen. Nun ist das Fleisch zum Räuchern bereit.

RÄUCHERN

Das Wichtigste beim Selbsträuchern sollte man nie vergessen: Das Feuer darf nicht zu heiß sein! Der Räucherprozess dauert gut 2 Stunden und wenn das Feuer zu heiß ist, wird der Speck gebraten, bevor er überhaupt das Raucharoma annehmen kann. Man benötigt einen Holzkohlengrill mit Deckel und ein schnell ablesbares Fleischthermometer.

Zu Beginn 500 g Apfelholzchips 1 Stunde in reichlich Wasser einweichen. Den Grillrost gut säubern und einölen. Eine mittelgroße Menge Holzkohle in einer Ecke des Grills anzünden. Die Flammen herunterbrennen lassen und dann das Fleisch möglichst weit weg vom Feuer auf dem Rost platzieren. Eine Handvoll eingeweichter Holzchips auf der Holzkohle verteilen, den Grill schließen und den Rauch darin entwickeln lassen. Den Abzug öffnen, um die Rauchentwicklung zu prüfen.

Vom kleinen Rauchwölkchen bis zur Riesen-Rauchwolke ist alles möglich. Den Abzug wieder schließen. Nun darf der Rauch seine Arbeit tun. Alle 20 Minuten prüfen, ob das Feuer mehr Holzkohle braucht oder weitere Holzchips für eine ordentliche Rauchwolke benötigt werden. Die Temperatur sollte 120 °C nie übersteigen, um die 65 °C ist ideal. Die Innentemperatur des Fleisches sollte bei 68 °C liegen.

Nach 2 Stunden den Schweinebauch vom Feuer nehmen. Er sollte wunderbar gebräunt sein, das Fett leicht geschmolzen, aber nicht ganz durch und mit schönem, kräftigem Raucharoma … Räucherspeck eben!

Den Speck im Kühlschrank abkühlen lassen, längs in 6 mm breite Streifen schneiden und bis zur Verwendung in Frischhaltefolie wickeln. Er hält sich 2 Wochen im Kühlschrank, lässt sich gut einfrieren und prima wie jeder Frühstücksspeck verwenden. Also: Alle Termine sausen lassen und Speck mampfen!

POLENTA IST WAHNSINNIG VIELSEITIG. SIE HARMONIERT MIT DEN VERSCHIEDENSTEN AROMEN UND TEXTUREN. MAN KÖNNTE GRIESSBREI IN EINEM BRUNCH-KAPITEL ERWARTEN UND KANN DIESEN AUCH GERNE MACHEN, WENN MAN KEINE GUTE POLENTA BEKOMMT. WER ABER PERFEKT SAUTIERTEN SPARGEL IN WARMEM, WEICHEM EIGELB GESCHWENKT ZU POLENTA MIT KÄSE PROBIERT HAT, WIRD GRIESSBREI SCHNELL VERGESSEN.

Polenta mit Käse, POCHIERTEN Eiern

4 PORTIONEN

und SAUTIERTEM SPARGEL

FÜR DIE POLENTA

200 G POLENTA

250 ML SAHNE

2 EL BUTTER

30 G FRISCH GERIEBENER PARMESAN

SALZ

2 EL NATIVES OLIVENÖL EXTRA

1 BUND GRÜNER SPARGEL, GEPUTZT UND LÄNGS HALBIERT

FRISCH GEMAHLENER SCHWARZER PFEFFER

8 GROSSE EIER, ZIMMERTEMPERATUR

1. Polenta in einem großen Topf mit 750 ml Wasser vermengen und langsam erhitzen. Unter häufigem Rühren etwa 30 Minuten oder nach Packungsanweisung kochen, bis die Polenta angedickt und cremig ist. Sahne, Butter und Parmesan zugeben und unter stetigem Rühren kochen, bis die Mischung dick wird und sich vom Topfrand löst. Mit Salz abschmecken und warm stellen.

2. Das Olivenöl in einer großen Pfanne erhitzen. Spargel hineingeben, salzen und pfeffern, und unter Schwenken 2–3 Minuten braten. Auf Küchenpapier abtropfen lassen.

3. Reichlich Wasser in einem großen Topf zum Kochen bringen und die Hitze reduzieren. 4 Eier nacheinander in eine Tasse aufschlagen und in das heiße, aber keinesfalls kochende Wasser gleiten lassen. 3–5 Minuten garen – je nach gewünschter Festigkeit des Eigelbs. Mit einem Schaumlöffel aus dem Wasser heben und die Unterseite mit Küchenpapier trocken tupfen. Mit den übrigen Eiern ebenso verfahren.

4. Die Polenta auf 4 Teller verteilen. Pro Portion 2 Eier darauf gleiten lassen, salzen und pfeffern. Die Spargelstangen darauf arrangieren und sofort servieren.

WIR WOLLTEN AUCH EIN ETWAS RAFFINIERTERES
FRÜHSTÜCKSREZEPT AUFNEHMEN – HIER IST ES.
DIESE TARTE IST EIN AUGEN- UND GAUMENSCHMAUS,
DER JEDEN BEEINDRUCKEN WIRD!

ZWIEBEL-Gruyère-Kartoffel-TARTE

4 PORTIONEN

FÜR DEN TEIG

200 G MEHL

SALZ

125 G KALTE BUTTER,
GEWÜRFELT

2 EL EISWASSER, PLUS
ETWAS MEHR NACH BEDARF

60 ML OLIVENÖL

2 WEISSE ZWIEBELN,
GEWÜRFELT

250 G FINGERLING-KARTOF-
FELN, LÄNGS HALBIERT

OLIVENÖL FÜR DIE
BACKFORM

½ TL FRISCH GEMAHLENER
SCHWARZER PFEFFER

4 TL SAHNE

125 G GERIEBENER GRUYÈRE

1. Für den Teig Mehl und ¼ TL Salz in einer großen Schüssel mischen. Die Butterwürfel mithilfe eines Holzkochlöffels gründlich damit vermengen, bis die Mischung die Konsistenz von grobem Mehl hat. 2 EL Eiswasser zugeben und zu einem groben Teig verkneten. Bei Bedarf weiteres Eiswasser zugeben. Zu einer Kugel formen, in Frischhaltefolie wickeln und mindestens 3 Stunden, besser über Nacht, kühl stellen.

2. 2 EL Olivenöl in einer Pfanne erhitzen. Die Zwiebeln zugeben und 2 Minuten braten, bis sie an den Rändern zu bräunen beginnen. Hitze reduzieren und die Zwiebeln etwa 20 Minuten unter häufigem Rühren dünsten, bis sie weich und goldbraun sind. Vom Herd nehmen und beiseite stellen.

3. Währenddessen die restlichen 2 EL Öl in einer zweiten Pfanne erhitzen. Kartoffeln hineingeben und in einer Schicht verteilen. Bei mittlerer Hitze auf beiden Seiten je 4 Minuten braten, bis sie goldbraun sind, zwischendurch wenden. Vom Herd nehmen und beiseite stellen.

4. Ofen auf 190 °C vorheizen. Eine Tarteform (24 cm Durchmesser) mit Olivenöl einfetten. Den Teig auf einer gut bemehlten Arbeitsfläche ca. 3 mm dick ausrollen. In der Form verteilen und gut andrücken. Den Boden mit einer Gabel mehrmals einstechen. 10 Minuten vorbacken. Die Kartoffeln auf dem Teigboden verteilen, Zwiebeln daraufgeben, mit Sahne besprenkeln und mit Käse bestreuen. Etwa 20 Minuten backen, bis der Käse braun ist und Blasen wirft. Leicht überkühlen lassen und servieren.

Gebackene türkische EIER

3-4 PORTIONEN →

DIESEN PLATZ KÖNNTEN WIR FÜR EINE KLEINE GESCHICHTSLEKTION ZU DIESEM GERICHT UND SEINER TSCHERKESSISCHEN UND SYRISCHEN HERKUNFT NUTZEN. TUN WIR ABER NICHT. NUR SO VIEL: ES IST KEIN OMELETT, ES IST KEINE FRITTATA. ES IST EINFACH NUR GUT. WIE AUCH IMMER, WER MEHR DARÜBER WISSEN WILL, HAT BESTIMMT EINEN COMPUTER ZU HAUSE.

FÜR DIE TOMATENSAUCE

2 DOSEN (875 G) GANZE FLASCHENTOMATEN, AM BESTEN SAN MARZANO, ABGETROPFT

2 EL OLIVENÖL

1 KNOBLAUCHZEHE, GEHACKT

1 TL GEMAHLENER KREUZKÜMMEL

½ TL GEMAHLENER KORIANDER

¼ TL CAYENNEPFEFFER (NACH BELIEBEN)

SALZ

1 EL OLIVENÖL

275 G BABYSPINAT

6 GROSSE EIER

150 G ZERKRÜMELTER FETA

25 G GRIECHISCHER JOGHURT

125 ML MILCH

ABGERIEBENE SCHALE VON 1 BIO-ZITRONE

1. Den Ofen auf 190 °C vorheizen.

2. Für die Sauce die Tomaten in eine Schüssel geben und mit den Händen zerkleinern. 2 EL Olivenöl in einem mittelgroßen Topf erhitzen, Knoblauch hineingeben und unter Rühren etwa 30 Sekunden braten. Tomaten, Kreuzkümmel, Koriander und Cayennepfeffer nach Belieben sowie eine kräftige Prise Salz zugeben und 10–15 Minuten köcheln lassen, bis die Sauce reduziert und dicker, aber nicht trocken ist. Abschmecken, vom Herd nehmen und warmhalten.

3. 1 EL Olivenöl in einer kleinen Pfanne erhitzen. Spinat zugeben und bei mittlerer Hitze 1–2 Minuten sautieren, bis er zusammenfällt. Zum Schluss eine Prise Salz unterrühren. Vom Herd nehmen und beiseite stellen.

4. Tomatensauce in einer 23 cm großen rechteckigen Auflaufform verteilen und mit dem Spinat bedecken. Dann mit der Rückseite eines Löffels 6 gleich große Mulden in den Spinat drücken – groß genug, um ein Ei aufzunehmen. Je 1 Ei vorsichtig in jede Mulde aufschlagen, ohne die Eigelbe zu verletzen. Den Feta gleichmäßig darüberstreuen. 20–25 Minuten backen, bis die Eier gestockt sind.

5. Währenddessen Joghurt und Milch in einem kleinen Topf verrühren und bei schwacher Hitze wärmen. Die abgeriebene Zitronenschale unterrühren. Die Eier aus dem Ofen nehmen, die Joghurtsauce darübergießen und sofort servieren.

SCHON SEIT ETWA 20 JAHREN MIETET DIE FAMILIE MEINER MUT-
TER IMMER EIN HAUS IN VERSCHIEDENEN ECKEN MICHIGANS. DORT
TREFFEN WIR UNS ALLE, UM AM STRAND ZU SITZEN, GROSS AUFZU-
KOCHEN UND UNS SCRABBLE-SCHLACHTEN ZU LIEFERN. LETZTES
JAHR ZU OSTERN MACHTE ICH ZIMTBRÖTCHEN ZUM FRÜHSTÜCK –
MIT EINEM GANZEN GLAS NUTELLA. MIT DIESER EINFACHEN ZUTAT
ENTSTAND DIESES REZEPT. –ELI

12 Brötchen

Nutellabrötchen

FÜR DEN TEIG

1 PÄCKCHEN (2¼ EL)
TROCKENHEFE

1 TL GROBER ZUCKER,
PLUS 60 G

125 ML MILCH

4 EL (60 G) BUTTER,
ZIMMERTEMPERATUR

1 TL SALZ

2 GROSSE EIER, VERQUIRLT

1 TL VANILLEEXTRAKT

650 G MEHL, PLUS ETWAS
ZUM BESTÄUBEN

PFLANZENÖL FÜR DIE
SCHÜSSEL

5 EL (75 G) BUTTER, PLUS
ETWAS FÜR DIE BACKFORM

180 G BRAUNER ZUCKER

100 G GROB GEHACKTE
PEKANNÜSSE

220 G NUTELLA

1 GROSSES EI, VERQUIRLT,
ZUM BESTREICHEN

ZIMT

1. Für den Teig 125 ml warmes Wasser (etwa 40 °C) in eine kleine Schüs-
sel gießen. Hefe und 1 TL groben Zucker zugeben und unter Rühren
auflösen. 5–10 Minuten stehen lassen, bis die Flüssigkeit leicht schäumt.
Währenddessen die Milch in einem kleinen Topf zum Kochen bringen. Vom
Herd nehmen und 60 g groben Zucker, 60 g Butter und das Salz einrühren.
Beiseite stellen und abkühlen lassen.

2. In einer großen Schüssel die Hefemischung mit der Milchmischung, den
Eiern, der Vanille sowie nach und nach mit der Hälfte des Mehls mischen.
Den Teig auf einer gut bemehlten Arbeitsfläche 5 Minuten kneten, bis er
weich ist und nicht mehr klebt. Nach Bedarf weiteres Mehl zugeben. In eine
geölte Schüssel geben und wenden, damit er von allen Seiten mit Öl umhüllt
ist. Abdecken und an einem warmen Ort etwa 1 Stunde gehen lassen, bis er
das Doppelte seines ursprünglichen Volumens hat.

3. Ofen auf 190 °C vorheizen. 75 g Butter bei mittlerer Hitze in einem
kleinen Topf zerlassen. Den braunen Zucker unterrühren, bis er aufgelöst
ist. Die Butter-Zucker-Mischung auf ein gefettetes 23 cm großes Backblech
streichen und die Pekannüsse darauf verteilen.

4. Den Teig auf einer gut bemehlten Arbeitsfläche zu einem rund 40 x 50 cm
großen Rechteck ausrollen. Nutella in einer dünnen Schicht darauf verstreichen, am langen Ende einen 1 cm breiten Streifen frei lassen. Diesen Streifen
mit dem verquirlten Ei bestreichen. Den Teig aufrollen, dabei mit der bestrichenen Seite beginnen und das Ende mit der mit Eigelb bestrichenen Seite
gut andrücken. Mit Zimt bestreuen. Über Kreuz in 12 Brötchen schneiden und
auf das Backblech mit den Pekannüssen setzen. 20–25 Minuten goldbraun
backen, etwas abkühlen lassen und auf einen großen Teller legen. Butter-
Zucker-Mischung vom Backblech auf den Brötchen verteilen und servieren.

PROBIEREN SIE ERST GAR NICHT, DAS FEUER ZU BEHERRSCHEN, DENN DAS IST UNMÖGLICH. DIE WAHRHEIT IST: NICHT DAS FEUER BEREITET DAS ESSEN ZU, SONDERN SIE.

Grill-Futter

WASSERMELONEN-GAZPACHO 34

GEGRILLTER PFIRSICHSALAT 37

GEGRILLTER ROMANA-SPECK-SALAT 38

GEBRATENER TRAUBENSALAT MIT
HASELNÜSSEN UND BLAUSCHIMMELKÄSE 39

SOMMER-PANZANELLA 40

GEGRILLTES FLEISCHKLOPS-SANDWICH 43

PROJEKT: EINLEGEN 44

GEGRILLTES FLANKENSTEAK MIT CHILI-GEWÜRZMISCHUNG 48

GRILLHÄHNCHEN 50

GEGRILLTE HOT WINGS 51

GANZER GEGRILLTER FISCH 53

ÜBERBACKENE ZUCCHINI 54

SAUTIERTER GRÜNKOHL MIT MANDELN UND KORINTHEN 55

WASSERMELONEN-GAZPACHO? EIN GAZPACHO OHNE TOMATEN? WIE SOLL DAS DENN GEHEN, FRAGEN SIE? WIE IST DIESES REZEPT ZU SEINEM NAMEN GEKOMMEN? DAS IST EIGENTLICH GANZ EINFACH: ZUERST HABEN WIR „WASSERMELONE" GETIPPT UND DANN GLEICH „GAZPACHO". SIE WERDEN UNS DANKBAR SEIN.

4 PORTIONEN

WASSERMELONEN-Gazpacho

1 KERNLOSE WASSER-MELONE, GEWÜRFELT

½ ROTE ZWIEBEL, GROB GEWÜRFELT

½ GELBE PAPRIKASCHOTE, ENTKERNT UND IN GROBEN STÜCKEN

125 G MANDELN

5 DICKE SCHEIBEN SAUERTEIGBROT

125 ML NATIVES OLIVENÖL EXTRA, PLUS ETWAS MEHR ZUM BEPINSELN

SALZ

1. Ofen auf 180 °C vorheizen.

2. Wassermelone im Mixer pürieren. Den Saft durch ein mittelfeines Sieb in eine große Schüssel abgießen; es sollte etwa 1 l sein. Zwiebel und Paprika in den Mixer geben (er muss nicht gesäubert werden) und pürieren. In die Schüssel mit dem Wassermelonensaft geben und in den Kühlschrank stellen. Den Mixer beiseite stellen (nicht säubern).

3. Die Mandeln auf einem Backblech verteilen. 1 Scheibe Brot mit Olivenöl bestreichen und mit auf das Backblech legen. Etwa 10 Minuten backen, bis das Brot goldgelb ist und die Mandeln goldbraun. Das Blech während des Backens ein paar Mal schütteln, damit die Mandeln nicht aneinander kleben, und das Brot nach der Hälfte der Zeit wenden. Beiseite stellen. Das Brot fein würfeln und zum Garnieren beiseite stellen.

4. Die Krusten der restlichen 4 Brotscheiben abschneiden. Das Brot in große Stücke brechen und im Mixer zu Krümeln verarbeiten. Die Wassermelonenmischung aus dem Kühlschrank nehmen und die Brotkrümel hinzugeben. Die gerösteten Mandeln im Mixer mit dem Momentschalter vorsichtig fein hacken. Sie sollen nicht zu einer Paste werden. Zur Wassermelonenmischung geben, und gründlich mit 125 ml Olivenöl und Salz nach Geschmack vermischen. Mindestens 1 Stunde kühl stellen. Dann abschmecken, in Suppenschalen füllen, mit den restlichen Brotstücken garnieren und servieren.

WIR SASSEN HERUM UND ÜBERLEGTEN DESSERTREZEPTE. WIR BEIDE SIND GROSSE PFIRSICH-FANS UND LIEBEN ES, ZU GRILLEN. SO VIEL WAR KLAR. EIN PAAR STUNDEN SPÄTER KAMEN NOCH RADICCHIO, PROSCIUTTO UND RICOTTA DAZU UND DIESES KÖSTLICHE GERICHT ERBLICKTE DAS LICHT DER WELT. DAS MACHT ZIEMLICH DEUTLICH, WAS AM KOCHEN SOLCHEN SPASS MACHT.

Gegrillter PFIRSICHsalat

1 EL BUTTER

20 G PANKO-MEHL (JAPANISCHES PANIERMEHL AUS DER BROTKRUME)

½ TL GETROCKNETE KRÄUTER DER PROVENCE

5 EL (80 ML) NATIVES OLIVENÖL EXTRA, PLUS ETWAS FÜR DEN GRILL

3 REIFE GELBE PFIRSICHE, ENTSTEINT UND IN DICKE SPALTEN GESCHNITTEN

1 KLEINER KOPF RADICCHIO, IN EINZELNE BLÄTTER GETEILT

SALZ UND FRISCH GEMAHLENER SCHWARZER PFEFFER

2 EL APFELESSIG

2 EL HONIG

125 G RICOTTA

8 HAUCHDÜNNE SCHEIBEN PROSCIUTTO, IN STÜCKE GERISSEN

1. Die Butter in einer Pfanne zerlassen. Das Panko-Mehl zugeben, mit der Butter mischen und bei mittlerer Hitze 3–5 Minuten goldbraun rösten. Die Kräuter der Provence unterrühren, vom Herd nehmen und beiseite stellen.

2. Einen Holzkohlengrill oder einen Gasgrill auf mittlere Hitze anheizen. Den heißen Grillrost mit einer Grillbürste säubern und mit Öl bepinseln.

3. Pfirsiche, Radicchio, 2 EL Olivenöl und ½ EL Salz in einer Schüssel mischen. Mit der Grillzange auf dem Grillrost verteilen. 2–4 Minuten grillen, bis die Pfirsiche deutliche Grillrost-Streifen haben und der Radicchio leicht zusammengefallen ist. Auf einen Teller geben und beiseite stellen.

4. In einer großen Schüssel die übrigen 3 EL Olivenöl mit dem Essig, dem Honig, Salz und Pfeffer abschmecken. Die gegrillten Pfirsiche und den Radicchio zugeben. Den Ricotta esslöffelweise gut daruntermischen. Den Salat auf einem Servierteller anrichten. Mit dem Prosciutto und dem gerösteten Panko-Mehl garnieren und sofort servieren.

Gegrillter
Romana-Speck-
SALAT

 4 PORTIONEN

WENN MAN BEDENKT, DASS VEGETARIER OFT WEGEN SPECK WIEDER BEGINNEN, FLEISCH ZU ESSEN, IST DER SPRUCH „MIT SPECK IST ALLES BESSER" VIEL ZU SCHWACH. ES MUSS VIELMEHR HEISSEN: „SPECK KANN ALLE PERSÖNLICHEN UND RELIGIÖSEN ÜBERZEUGUNGEN UND DIÄT-VORSCHRIFTEN MIT EINEM EINZIGEN BISSEN VERÄNDERN."

250 G SPECK MIT SCHWARTE, FEIN GEWÜRFELT

FÜR DIE VINAIGRETTE

2 EL APFELESSIG

1 TL DIJONSENF

1 EL NATIVES OLIVENÖL EXTRA

SALZ UND FRISCH GEMAHLE-NER SCHWARZER PFEFFER

2 HERZEN ROMANASALAT, IN EINZELNE BLÄTTER ZERTEILT

2 EL NATIVES OLIVENÖL EXTRA, PLUS ETWAS FÜR DEN GRILL

1 APFEL, VORZUGSWEISE GRANNY SMITH, OHNE KERN-GEHÄUSE UND IN SCHEIBEN GESCHNITTEN

30 G GERÖSTETE KÜRBISKERNE

1. Den Speck in einer Pfanne bei mittlerer Hitze etwa 5 Minuten knusprig braten. Auf Küchenpapier abtropfen lassen. Das Bratfett für die Vinai-grette aufbewahren.

2. Für die Vinaigrette Essig, Senf, 1 EL Olivenöl, 2 EL warmes Bratfett sowie Salz und Pfeffer nach Geschmack in einer Schüssel vermischen. Wer einen rauchigeren Geschmack mag, gibt noch mehr Bratfett dazu.

3. Den Holzkohle- oder Gasgrill stark anheizen. Den heißen Grillrost mit einer Grillbürste säubern und mit Öl bepinseln. In einer großen Schüs-sel die Salatblätter mit 2 EL Olivenöl und einer Prise Salz vermischen. Wenn nötig, in mehreren Durchgängen die Salatblätter in einer Lage auf dem Grill verteilen und 2–3 Minuten grillen, bis sie leicht zusammenfallen. Währenddessen einmal wenden.

4. Vom Rost nehmen und in eine große Salatschüssel geben. Vinaigrette, Speck und Apfel zugeben und gut vermischen. Abschmecken und mit Kürbiskernen garniert sofort servieren.

DIE MEISTEN HABEN NOCH NIE GEBRATENE TRAUBEN GEGESSEN. WUNDERN SIE SICH ALSO NICHT ÜBER STAUNEN BEI IHREN GÄSTEN. ABER STELLEN SIE IHR LICHT NICHT UNTER DEN SCHEFFEL MAN BRAUCHT SCHON ETWAS GESCHICK, DAMIT DIESER EINMALIG LECKERE SALAT GELINGT. ALSO VERMASSELN SIE ES NICHT.

Gebratener
TRAUBENSALAT
mit Haselnüssen
und Blauschimmelkäse

4-6 PORTIONEN →

FÜR DIE VINAIGRETTE

4 EL (60 ML) WEISSWEINESSIG

2 EL NATIVES OLIVENÖL EXTRA

2 TL HONIG

SALZ

150 G HASELNÜSSE

2 EL BUTTER

375 G WEISSE TRAUBEN

500 G RUCOLA ODER ANDERER BITTERER SALAT

150 G ZERKRÜMELTER BLAUSCHIMMELKÄSE

1. Essig, Öl, Honig und eine Prise Salz in einer kleinen Schüssel gut verquirlen und beiseite stellen.

2. Die Haselnüsse in einer trockenen Pfanne bei mittlerer Hitze etwa 5 Minuten unter stetigem Rühren rösten, bis sie unter der Haut golden werden und zu duften beginnen. Sofort auf eine sauberes Küchentuch geben (die Nüsse brennen schnell an). Das Tuch zusammenschlagen und die Nüsse darin aneinander reiben, um die Haut abzulösen (sie muss nicht vollständig entfernt sein). Nüsse grob hacken und beiseite stellen.

3. Die Butter in einer Pfanne bei mittlerer Hitze schmelzen und unter Rühren goldbraun werden lassen. Trauben zugeben und 2–3 Minuten sautieren, bis sie leichte Blasen werfen und Farbe annehmen. Vom Herd nehmen, abkühlen lassen und längs halbieren.

4. Den Salat in einer großen Schüssel mit der Vinaigrette mischen. Blauschimmelkäse, Haselnüsse und Trauben zugeben und vorsichtig vermischen. Dabei aufpassen, dass der Salat nicht zerquetscht wird. Auf Teller verteilen, mit in der Schüssel zurückgebliebenen Trauben, Nüssen und Käse garnieren. Sofort servieren.

ICH NEHME CROÛTONS SEHR ERNST. STATT SIE EINZUWEICHEN UND DABEI DAS RISIKO EINZUGEHEN, DAS SIE SCHLABBERIG WERDEN, WENDE ICH SIE HIER VORSICHTIG IN DER VINAIGRETTE. DIE ZUGABE VON MOZZARELLA ERINNERT AN EINEN ANDEREN EINFACHEN SALATKLASSIKER, DIE CAPRESE, UND BRINGT HIER EINE GANZ NEUE GESCHMACKSNUANCE HINEIN. DIES IST EIN BROTSALAT, NEHMEN SIE ALSO WIRKLICH GUTES BROT! –MAX

SOMMER-Panzanella

4 PORTIONEN

3 HEIRLOOM-TOMATEN ODER 6 PFLAUMEN-TOMATEN, REIF, ABER FEST, IN GROBEN STÜCKEN

2 KNOBLAUCHZEHEN, 1 GEHACKT UND 1 ZERDRÜCKT, ABER GANZ

2 EL SHERRYESSIG

2 EL BALSAMICO

1 EL NATIVES OLIVENÖL EXTRA, PLUS 60 ML, PLUS ETWAS MEHR ZUM BESPRENKELN

15 G FRISCHE BASILIKUMBLÄTTCHEN, PLUS ETWAS MEHR ZUM GARNIEREN

SALZ UND FRISCH GEMAHLENER SCHWARZER PFEFFER

1 LAIB KNUSPRIGES SAUERTEIGBROT, IM GANZEN

1 KUGEL FRISCHER BÜFFEL- ODER KUHMILCHMOZZARELLA

1. Den Ofen auf 200 °C vorheizen.

2. In einer großen Schüssel die Tomaten mit dem gehackten Knoblauch, 1 EL Sherryessig, 1 EL Balsamico und 1 EL Olivenöl mischen. Die Basilikumblättchen unterheben und mit Salz und Pfeffer großzügig würzen. Gut vermischen und beiseite stellen, sodass sich die Aromen gut entfalten können, während die Croûtons zubereitet werden.

3. Die Rinde vom Brot abschneiden und das Brot in ca. 5 cm große Stücke reißen. Auf einem Backblech verteilen, 60 ml Olivenöl darübergeben, mit Salz bestreuen und die zerdrückte Knoblauchzehe dazulegen. In einer Schicht ausbreiten und etwa 12 Minuten backen, bis die Croûtons außen goldbraun und innen noch weich sind. Aus dem Ofen nehmen, in die Schüssel geben und mit dem restlichen EL Essig besprenkeln und vermischen.

4. Salat, Croûtons und Tomaten locker auf einer großen Servierplatte verteilen. Mozzarella in Stückchen reißen und darübergeben. Mit Basilikumblättchen und etwas Olivenöl garnieren und sofort servieren.

DIESES SANDWICH KANN ZIEMLICH SCHWIERIG ZU ESSEN SEIN. WENN SIE BEIM ESSEN KEINE SAUCE IM GESICHT HABEN, DANN ESSEN SIE ES NICHT RICHTIG. UND WENN WIR EINE GABEL ODER EIN MESSER AUF DEM TELLER KLAPPERN HÖREN, DANN GIBT'S ÄRGER! –ELI

Gegrilltes Fleischklops-Sandwich

1 KG RINDERHACKFLEISCH

125 G RICOTTA

30 G FRISCH GERIEBENER PARMESAN

10 G PANKO-MEHL

4 GROSSE EIER, LEICHT VERQUIRLT

2 EL GEHACKTE FRISCHE GLATTE PETERSILIE

1 KNOBLAUCHZEHE, GEHACKT

1 TL CHILIFLOCKEN

SALZ

ÖL FÜR DEN GRILL

1 GROSSES BAGUETTE

250 G DÜNN GESCHNITTE-NER PROVOLONE

RUCOLAPESTO (SEITE 154)

1. Hackfleisch, Ricotta, Parmesan, Panko-Mehl, Eier, Petersilie, Knoblauch, Chiliflocken und 2 TL Salz in einer großen Schüssel gründlich, aber nicht zu lange mischen. Zu 12 etwa golfballgroßen Fleischbällchen formen, auf ein leicht geöltes Backblech legen. Bei Zimmertemperatur beiseite stellen.

2. Den Holzkohlen- oder Gasgrill stark anheizen. Den heißen Grillrost mit einer Grillbürste säubern und mit Öl bepinseln. Die Fleischbällchen locker auf dem Rost verteilen und, abhängig von der Grilltemperatur, 8–10 Minuten von allen Seiten goldbraun grillen. Dabei hin und wieder mit der Grillzange wenden. Die Bällchen auf eine kühlere Stelle des Grills legen, wenn sie drohen, zu dunkel zu werden. Auf einen Teller oder ein sauberes Backblech legen. 5 Minuten ruhen lassen, währenddessen die Sandwiches zubereiten.

3. Das Baguette in vier Stücke schneiden und die Viertel längs halbieren. Mit der Schnittfläche nach unten auf den Grill legen und etwa 3 Minu-ten goldbraun rösten. Den Provolone auf die Hälfte der Baguettestücke verteilen. Je 3 Fleischbällchen auf den mit Käse belegten Stücken verteilen, mit dem Pesto garnieren und sofort servieren.

Projekt:
EINLEGEN

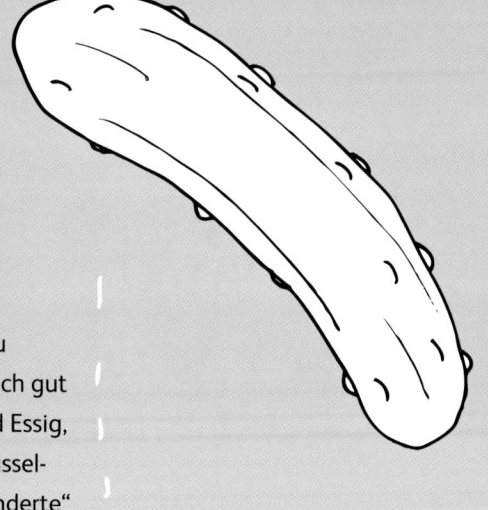

Einlegen ist die älteste und einfachste Methode, Lebensmittel zu konservieren. Fleisch, Fisch, Gemüse und sogar Früchte eignen sich gut dafür. Um den Geschmack zu verändern oder zu verbessern, sind Essig, Gewürze und andere Zutaten zwar üblich, aber Salz ist das Schlüsselelement. Wir fassen das Buch „Salz: Der Stoff, der die Welt veränderte" in einem Satz zusammen: „Salz ist die wichtigste Zutat der kulinarischen Weltgeschichte; es diente sogar als Zahlungsmittel." (Wir haben Sie soeben vor 500 Seiten Lektüre bewahrt – gern geschehen.) *

Eingelegtes Gemüse hält sich sehr lang. Deshalb ist das Einlegen die ideale Technik, wenn etwas beim Ausprobieren unserer Rezepte übrig geblieben ist, für Überproduktionen aus dem eigenen Garten oder aus der Bio-Kiste.

Eingelegtes Gemüse ist perfekt als Snack, macht jedes Sandwich zu einer Delikatesse und verleiht Pasta oder Omeletts das gewisse Extra. Und wenn Sie Ihre Schätze in diesen kleinen Gläschen einlegen, die in Restaurants heutzutage als Trinkgläser dienen, dann sind sie auch noch hübsch genug zum Verschenken.

Bringen Sie STATT einer faden Flasche Wein Eingelegtes als Gastgeschenk mit.

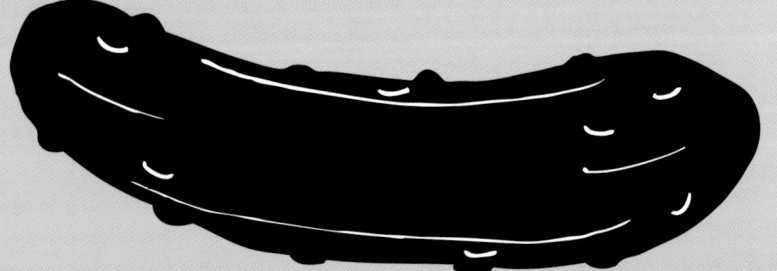

*TATSÄCHLICH IST ES EIN TOLLES BUCH, DAS SIE LESEN SOLLTEN.

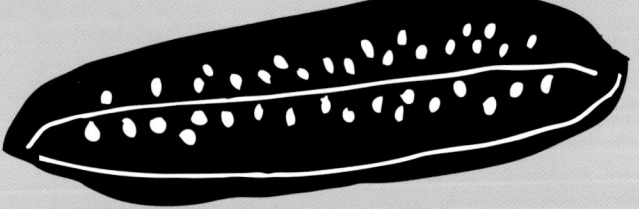

Einlege-SUD

Um Ihnen das Leben zu erleichtern, nehmen wir für alle unsere Einlegerezepte denselben Sud.

2 L WASSER

250 ML WEISSWEINESSIG

90 G SALZ

125 G ZUCKER

1. 2 l Wasser in einem großen Topf zum Kochen bringen. Den Essig einrühren. Salz und Zucker zugeben und rühren, bis alles aufgelöst ist. Vom Herd nehmen und auskühlen lassen.

2. Den Sud in einem großen Kunststoff- oder Glasgefäß mit luftdichtem Verschluss aufbewahren und immer dann verwenden, wenn Ihnen der Sinn nach Einlegen steht. Der Sud wird niemals schlecht.

Ergibt etwa 2 l Einlegesud.

„48 Stunden"-DILLGURKEN

Manchmal braucht man nur zwei Tage, um es richtig draufzuhaben, wie uns schon Nick Nolte und Eddie Murphy eindrucksvoll demonstriert haben.

Dieses Einlegerezept ist einem supergeheimen 24-Stunden-Einlegerezept nachempfunden, das unser Cousin aus dem Familien-Einlegerezepte-Tresor entwendet hat (unsere Tante nimmt das Einlegen sehr, sehr ernst). Wir finden, dass den Gurken ein paar Tage Ruhe gut tun, aber wenn's dringend ist, kann man sie auch schon am ersten Tag genießen.

Mit diesem Rezept kann man viel oder wenig einlegen, je nach Bedarf. Nehmen Sie einfach weniger Gurken und achten Sie darauf, dass sie gut mit dem Sud bedeckt sind. Wenn er zur Neige geht, keine Sorge: In ein paar Minuten hat man neuen Sud angesetzt.

GEMÜSE- ODER SCHLANGENGURKEN, GRÜNDLICH GEWASCHEN

KNOBLAUCHZEHEN, GESCHÄLT, ABER IM GANZEN

GROSSE FRISCHE DILLSTÄNGEL

DILLSAMEN (NACH BELIEBEN)

EINMACHSUD NACH BEDARF

1. Die Gurken längs vierteln. In 1-l-Gläser oder andere luftdicht schließende Behälter dicht schichten, aber nicht stopfen, sonst gibt es Gurkenbruch.

2. 4 Knoblauchzehen und 3 Dillstängel in jedes Glas geben, nach Belieben noch je ½ TL Dillsamen zugeben.

3. Mit dem Einlegesud bedecken (oben etwas Platz lassen). Die Gläser fest verschließen und wieder in den Kühlschrank stellen. Mindestens 1 Tag ziehen lassen, besser sind 2 Tage; dann servieren oder selbst essen. Gut bedeckt halten sich die Gurken im Kühlschrank einige Monate.

3 kg Gurken ergeben etwa sechs 1-l-Gefäße.

Eingelegte WACHSBOHNEN

Auf einer Party ohne scharfe Bräute, Alkohol, heiße Musik und elektrischen Strom sind diese Bohnen das Highlight. Beachten Sie, dass sie mindestens eine Woche ziehen müssen. Dann probieren Sie sie. Wenn Sie es schärfer mögen, geben Sie eine Prise Chiliflocken dazu.

GELBE WACHSBOHNEN GUT ABGETROPFT, ENDEN ABGESCHNITTEN

KNOBLAUCHZEHEN, GESCHÄLT, ABER IM GANZEN

KORIANDERSAMEN

GANZE SCHWARZE PFEFFERKÖRNER

CHILIFLOCKEN

EINMACHSUD (SEITE 45) NACH BEDARF

1. Die Bohnen in Gefäße von gewünschter Größe dicht schichten, aber nicht stopfen, sonst brechen sie.

2. 4 Knoblauchzehen (bei größeren Gefäßen gerne auch mehr), ¼ TL Koriandersamen, 4 schwarze Pfefferkörner und 1 Prise Chiliflocken in jedes Gefäß geben.

3. Mit dem Einlegesud bedecken (oben etwas Platz lassen). Die Gläser fest verschließen und ganz hinten in den Kühlschrank stellen. Mindestens eine Woche ziehen lassen, dann servieren oder selbst essen. Gut bedeckt halten sich die Bohnen im Kühlschrank einige Monate.

2 kg Wachsbohnen ergeben etwa zwölf 250-g-Gefäße.

Eingelegter BÄRLAUCH

Bärlauch ist in vielen Teilen Europas das erste essbare Grün. Seine schlanken, weißen Wurzelknollen schmecken ähnlich wie Frühlingszwiebeln oder junger Lauch. Man kann in der Natur nach ihm Ausschau halten oder versuchen, ihn im frühen Frühjahr auf Bauernmärkten zu bekommen.

Die zarten Blätter werden überall dort verwendet, wo man sonst Frühlingszwiebeln nimmt. Zum Einmachen eignen sich aber nur die Knollen. Zum Säubern entfernt man die Blätter, wo der rosafarben Teil des Stiels endet, und die leicht glitschige äußere Haut um die Wurzel. Eingelegt bleiben die Wurzeln bissfest, aber je jünger und kleiner sie sind, umso zarter sind sie.

500 G BÄRLAUCHZWIEBELN, GESÄUBERT UND IN CA. 1 CM DICKE STÜCKE GESCHNITTEN (SIEHE HINWEIS LINKS)

KNOBLAUCHZEHEN, GESCHÄLT, ABER IM GANZEN

EINLEGESUD (SEITE 45) NACH BEDARF

1. Bärlauchzwiebeln dicht in die Gefäße schichten. 4 Knoblauchzehen in jedes Gefäß dazugeben.

2. Mit Einlegesud bedecken (oben etwas Platz lassen). Die Gläser fest verschließen und ganz hinten in den Kühlschrank stellen. Mindestens eine Woche ziehen lassen, dann servieren oder selbst essen. Gut bedeckt halten sich die Knollen im Kühlschrank einige Monate.

500 g Knollen ergeben etwa vier 250-g-Gefäße.

EINGELEGTE
Rote Bete

Rote Bete ist immer wieder ziemlich klasse. Wir lieben sie als Saft, in
Salaten und als gebratene Beilage.
Sie ergibt außerdem prachtvolle und
gehaltvolle Pickles. Also denken Sie
immer daran, wenn Sie Rote Bete zubereiten wollen, gleich ein bisschen mehr
zum Einlegen zu kaufen.

3 ROTE BETE, ENDEN ABGESCHNITTEN

2 EL OLIVENÖL

SALZ UND FRISCH GEMAHLENER SCHWARZER
PFEFFER

EINLEGESUD (SEITE 45) NACH BEDARF

1. Ofen auf 190 °C vorheizen.

2. Die Rote Bete in einer kleinen Glas-Auflaufform mit
Olivenöl benetzen und mit Salz und Pfeffer bestreuen.
2 EL Wasser auf den Boden der Form sprenkeln. Die
Form mit Alufolie verschließen und die Rote Bete etwa
45 Minuten rösten, bis sie weich ist, wenn man mit
einem Messer hineinsticht.

3. Die Rote Bete abkühlen lassen und die Haut entfernen; sie sollte sich sehr leicht lösen. Eventuell ein Messer
oder ein Küchentuch dafür verwenden. (Wir empfehlen
Gummihandschuhe bei der Arbeit mit gekochter Roter
Bete zu tragen, denn die Hände werden hartnäckig rot
gefärbt.)

4. Jede Rote Bete halbieren und mit der Schnittfläche
nach unten auf ein Schneidbett legen. In 5 mm breite
Streifen schneiden und dicht in die Gefäße schichten.
Mit dem Einmachsud bedecken (oben etwas Platz
lassen). Die Gläser fest verschließen und wieder in den
Kühlschrank stellen. Mindestens 1 Woche ziehen lassen,
dann servieren oder selbst essen. Gut bedeckt hält sich
die Rote Bete im Kühlschrank einige Monate.

3 Rote Bete ergeben etwa acht 250-g-Gefäße.

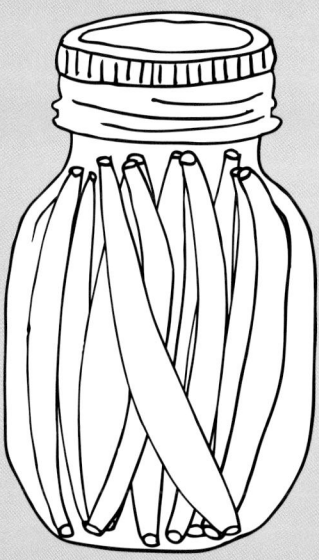

Gegrilltes Flanken-STEAK MIT CHILI-GEWÜRZMISCHUNG

4 PORTIONEN →

MAN NEHME EIN STÜCK FLEISCH, WÜRZE ES GUT UND LEGE ES AUF DEN GRILL. DANN WENDE MAN ES HIN UND WIEDER, OHNE ES ZU LANGE ZU BRATEN, UND LASSE ES ETWAS RUHEN, BEVOR MAN ES GEGEN DIE FASER SCHNEIDET. WENN SIE DIESE BASISTECHNIK BEHERR-SCHEN UND DIESES REZEPT BEFOLGEN, BRATEN SIE BESSERE STEAKS ALS ALLE IHRE FREUNDE. —MAX

FÜR DIE GEWÜRZMISCHUNG

2 EL SALZ

2 TL GEMAHLENER KREUZKÜMMEL

2 TL GEMAHLENER KORIANDER

1 TL PAPRIKA EDELSÜSS

1 TL FRISCH GEMAHLENER SCHWARZER PFEFFER

1 TL KNOBLAUCHPULVER

1 TL CAYENNEPFEFFER

1 FLANKEN-STEAK, ETWA 1,5 KG

ÖL FÜR DEN GRILL

1. Alle Zutaten für die Gewürzmischung in einer Schale mischen, die groß genug für das Steak ist. Das Steak dazugeben, in der Gewürzmischung wenden und mit den Fingern gut andrücken. Abdecken und mindestens 1 Stunde und bis zu 6 Stunden im Kühlschrank marinieren. Während der Grill anheizt, das Steak aus dem Kühlschrank nehmen und Zimmertemperatur annehmen lassen.

2. Den Holzkohle- oder Gasgrill stark anheizen. Den heißen Grillrost mit einer Grillbürste säubern und mit Öl bepinseln.

3. Das Steak direkt über die heißeste Stelle legen und etwa 3 Minuten gril-len. Um 90 Grad drehen und ein paar Minuten so liegen lassen. Dann das Steak wenden und wiederholen: 3 Minuten liegen lassen, dann drehen und wieder 3 Minuten grillen. Ein Bratenthermometer, in die dickste Stelle des Fleisches gesteckt, sollte für ein halbdurch gegrilltes Steak 54 °C anzeigen. Wenn Sie Ihr Steak lieber medium mögen, dann legen Sie es noch einige Minuten auf eine kühlere Stelle auf dem Rost.

4. Das Steak locker mit Alufolie abdecken und 10 Minuten ruhen lassen. Gegen die Faser in ca. 1 cm dicke Scheiben schneiden.

EIN GEGRILLTES HÄHNCHEN SCHMECKT VIEL DELIKATER ALS EIN GEBRATENES. WENN SIE DIE ZEIT HABEN, GRILLEN SIE ES. ABER BEWAHREN SIE IHREN VOGEL VOR VERBRENNUNGEN DURCH IN DIE GLUT TROPFENDES FETT.

Grill-HÄHNCHEN

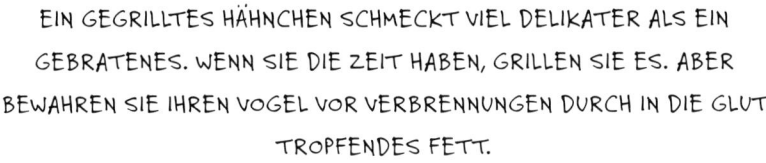

4 PORTIONEN

FÜR DIE MARINADE

250 G SALZ

60 G BRAUNER ZUCKER

2 LORBEERBLÄTTER

1 EL GANZE PFEFFER-KÖRNER

2 FRISCHE THYMIANZWEIGE

2 FRISCHE ROSMARINZWEIGE

2 L EIS

1 GANZES HÄHNCHEN (1,5–2 KG)

1 EL GETROCKNETER THYMIAN

1 EL GETROCKNETER ROSMARIN

1. Für die Marinade 2 l Wasser in einem Topf zum Kochen bringen. Salz und Zucker zugeben und unter Rühren auflösen. Lorbeerblätter, Pfefferkörner und Kräuterzweige hineingeben und vom Herd nehmen.

2. Das Eis in ein Gefäß füllen, das groß genug für die Marinade und das Hähnchen ist. Die heiße Marinade über das Eis gießen und etwa 4 Stunden kühl stellen. Das Hähnchen in das Gefäß geben und mit Gewichten wie Tellern und Konservendosen in die kalte Marinade drücken. Wenn nötig, kaltes Wasser hinzufügen, damit das Hähnchen ganz mit Flüssigkeit bedeckt ist. Wieder in den Kühlschrank stellen und 24 bis 48 Stunden marinieren.

3. Das Hähnchen aus der Marinade nehmen und mit Küchenpapier trocken tupfen. Mit einer Geflügelschere auf beiden Seiten der Wirbelsäule entlang schneiden. Dann auf das Hähnchen drücken, bis das Brustbein bricht, sodass es flach liegt. Beide Seiten mit den getrockneten Kräutern und Salz bestreuen. Bei Zimmertemperatur beiseite stellen.

4. Den Holzkohle- oder Gasgrill auf mittlere Hitze bringen. Den heißen Grillrost mit einer Grillbürste säubern und mit Öl bepinseln. Das Hähnchen mit der Hautseite auf die heißeste Stelle legen und 3–5 Minuten grillen, bis es schon etwas Farbe angenommen hat. Auf eine kühlere Stelle legen und etwa 5 Minuten weitergrillen, bis die Haut goldbraun und knusprig ist. Umdrehen und weitere 10 Minuten grillen, bis das Fleisch weiß ist oder ein Bratenthermometer, das in die dickste Stelle eines Schenkels gestochen wird, 71 °C anzeigt. Auf ein Schneidbrett legen, mit Alufolie abdecken und 5 Minuten ruhen lassen, dann aufschneiden und servieren.

HIER UNSERE VERSION DER BUFFALO WINGS.
WÜRZIG, SÜSS UND SALZIG – ALLES AUF EIN-
MAL. SO GUTE WINGS HABEN SIE SICHER NOCH
NIE PROBIERT. (P.S.: LEUTEN, DIE KEINE HOT
WINGS MÖGEN, TRAUEN WIR NICHT
ÜBER DEN WEG.)

 4-6 PORTIONEN

Gegrillte HOT WINGS

250 ML SCHARFE CHILI-SAUCE

250 ML SRIRACHASAUCE

ABGERIEBENE SCHALE UND
SAFT VON 2 BIO-LIMETTEN

FRISCH GEMAHLENER
SCHWARZER PFEFFER

1,5 KG CHICKEN WINGS

ÖL FÜR DEN GRILL

1. Scharfe Chili-Sauce, Srirachasauce, Limettenschale und -saft und 1 TL schwarzen Pfeffer in einer großen Schüssel oder einem gut verschließbaren Plastikbeutel vermischen. Chicken Wings hineingeben, gut schütteln, damit die Wings gut gewürzt sind. Oder den Plastikbeutel verschließen und durch Wenden und leichten Druck die Wings marinieren. Schüssel abdecken und im Kühlschrank mindestens 4 und bis zu 24 Stunden ziehen lassen, dabei hin und wieder umrühren bzw. den Beutel wenden.

2. Den Holzkohle- oder Gasgrill stark anheizen. Den heißen Grillrost mit einer Grillbürste säubern und mit Öl bepinseln.

3. Chicken Wings aus der Marinade nehmen und die Marinade weggießen. Die Wings auf dem Grillrost verteilen, dabei alle paar Minuten umdrehen, bis sie gleichmäßig Farbe angenommen haben und innen weiß sind. Insgesamt 10–15 Minuten grillen und sofort servieren.

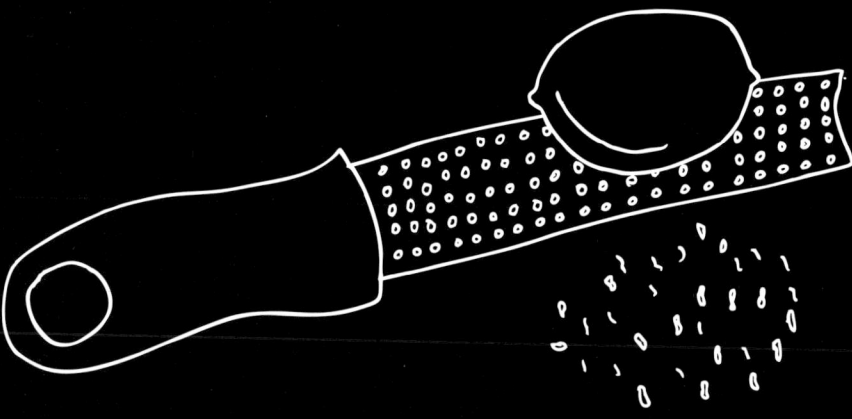

VERGEWISSERN SIE SICH, DASS DER GRILLROST RICHTIG SAUBER UND SEHR HEISS IST, BEVOR SIE DEN FISCH DARAUFLEGEN. SONST KLEBT ER FEST. WENN SICH DIE HAUT LÖST: MACHT NICHTS, AUF DER ANDEREN SEITE HABEN SIE EINE ZWEITE CHANCE.

Ganzer gegrillter FISCH

4-6 PORTIONEN

1 FANGFRISCHER GANZER FISCH WIE WOLFSBARSCH ODER FORELLE, ETWA 1,5 KG, GEPUTZT

2 FRISCHE DILLSTÄNGEL

3 ZITRONENSPALTEN, PLUS EINIGE ZITRONENSPALTEN ZUM SERVIEREN

SALZ UND FRISCH GEMAHLE-NER SCHWARZER PFEFFER

1 EL OLIVENÖL, PLUS ETWAS MEHR FÜR DEN GRILL

1. Den Holzkohlengrill stark anheizen oder den Gasgrill auf 200 °C ein-stellen. Wenn Sie einen Holzkohlengrill verwenden, lassen Sie die Kohle 20–25 Minuten ganz herunterbrennen, bis sie außen grau ist.

2. Während der Grill aufheizt, den Fisch vorbereiten: Dillstängel und Zitro-nenspalten in das Innere des Fischs legen und mit Salz bestreuen. Außen mit 1 EL Olivenöl einreiben und salzen.

3. Den heißen Grillrost mit einer Grillbürste säubern und mit Öl bepinseln. Den Fisch auf eine Stelle mittlerer Temperatur auf den Rost legen und 5 Minuten grillen. Dabei nicht bewegen, damit die Haut nicht anklebt. Mit Grillzange und Pfannenwender oder mit 2 Pfannenwendern den Fisch vorsichtig umdrehen und 3–5 Minuten auf der anderen Seite grillen. Mit einem Metallstäbchen die Tem-peraturprobe machen. Wenn sich das in den Fisch gesteckte Stäbchen nicht heiß anfühlt, den Fisch auf einer kühleren Stelle des Grills noch weitere 5 Minuten grillen. Das Innere des Fischs muss gegart und die Haut gleichzeitig schön knusprig sein.

4. Den Fisch auf einen Teller legen, mit Zitronenspalten garnieren und sofort servieren.

BEI ZUCCHINI MUSS ICH IMMER AN EINEN FAHRRAD-
AUSFLUG ZU EINEM BAUERNMARKT DENKEN. SIE
SIND EIN GROSSARTIGES BEISPIEL DAFÜR, WIE
GESCHMACKSINTENSIV FRISCH GEERNTETES
GEMÜSE SEIN KANN. NEHMEN SIE DAS GERICHT NICHT
ZU FRÜH AUS DEM OFEN – DER KÄSE IST GEBRÄUNT
UND KNUSPRIG AM ALLERBESTEN. –MAX

ÜBERBACKENE Zucchini

4 PORTIONEN →

1 KG GELBE ZUCCHINI,
GEPUTZT UND IN
CA. 2,5 CM DICKE SCHEIBEN
GESCHNITTEN

60 ML NATIVES OLIVENÖL
EXTRA

SALZ

1 TL CHILIFLOCKEN

2 TL OREGANO

125 G FRISCH GERIEBENER
PARMESAN

1. Ofen auf 220 °C vorheizen.

2. Zucchini, Olivenöl und Salz nach Geschmack in einer großen Schüssel gründlich mischen. Auf einem Backblech in einer Schicht verteilen (eventuell 2 Bleche benutzen) und 10–12 Minuten backen, bis die Zucchini an den Kanten braun sind.

3. Aus dem Ofen nehmen und mit dem Pfannenwender so dicht wie möglich zusammenschieben. Die Zucchini sollen einander nicht überlappen. (Wer 2 Bleche benutzt hat, kann die Zucchini eventuell jetzt auf 1 Blech unterbringen.) Mit Chiliflocken, Oregano und Parmesan bestreuen.

4. Wieder in den Ofen schieben und etwa 10 Minuten backen, bis der Käse goldbraun ist und Blasen wirft. Aus dem Ofen nehmen und leicht abkühlen lassen. Mit dem Pfannenwender in Stücke teilen und sofort servieren.

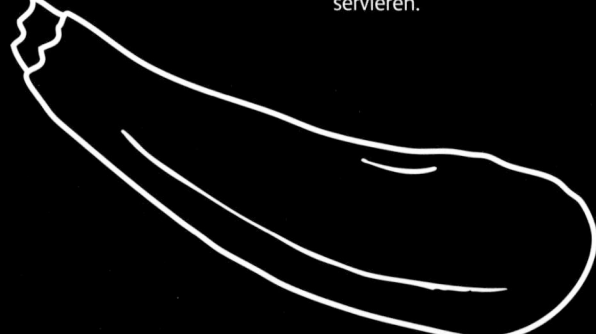

WAS DER TEPPICH FÜR DEN DUDE AUS „THE BIG LEBOWSKY"
IST, DAS IST SAUTIERTES GRÜNES GEMÜSE FÜR EIN ESSEN:
ES HÄLT ALLES ZUSAMMEN. ES IST LECKER UND GESUND. WENN
SIE MÖGEN, ERSETZEN SIE DEN GRÜNKOHL DURCH ANDERES
KOHLGEMÜSE, Z. B. MANGOLD.

4 PORTIONEN

SAUTIERTER GRÜNKOHL
mit Mandeln und Korinthen

60 G MARCONA-MANDELN

1 GROSSES BUND GRÜNKOHL

2 EL NATIVES OLIVENÖL
EXTRA

SALZ

2 EL WEISSER BALSAMICO

45 G KORINTHEN

ABGERIEBENE SCHALE VON
1 BIO-ZITRONE

1. Ungeröstete Mandeln in einer trockenen Pfanne bei mittlerer Hitze unter stetigem Rühren 5 Minuten rösten, bis sie Farbe annehmen und zu duften beginnen. Sofort zum Auskühlen auf einen Teller geben – Mandeln brennen sehr schnell an. Grob hacken und beiseite stellen.

2. Die Grünkohlblätter in 4–5 Stücke reißen und die dicken Stiele anschließend wegwerfen.

3. Olivenöl in einer großen Pfanne erhitzen. Grünkohl und 1 großzügige Prise Salz zugeben. Etwa 5 Minuten garen, bis der Grünkohl fast weich ist. Nach Bedarf 1–2 EL Wasser zugeben, damit der Grünkohl nicht trocken wird. Vom Herd nehmen und den Balsamico unterrühren.

4. In eine Servierschüssel geben und mit den Korinthen, Mandeln und der abgeriebenen Zitronenschale garnieren. Sofort servieren.

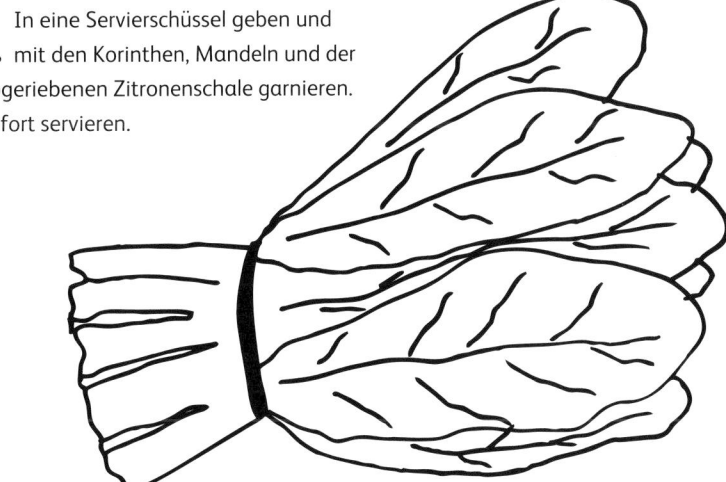

WIR FINDEN ES TOLL, WENN SIE ZU HAUSE BLEIBEN UND UNSER KOCHBUCH BENUTZEN. ABER BITTE ZIEHEN SIE HOSEN AN.

Ein Abend daheim

ROTE-BETE-JOGHURT-SALAT 58

HÄHNCHEN-ADOBO 60

WALDPILZE MIT ROSMARIN-KARTOFFELN 61

PROJEKT: VERGESSEN SIE TIEFKÜHLPIZZA 62

HOCHRIPPE KOREA-ART 66

SHIITAKE-INGWER-SUPPE MIT KNOBLAUCH-HÄHNCHEN-KLÖSSEN 68

IN BUTTER POCHIERTER KABELJAU MIT KRÄUTERSALAT 69

LINGUINE MIT SARDELLEN, PETERSILIE UND WALNÜSSEN 70

FRISCHE GARGANELLI MIT TOMATEN, STEINPILZEN, GUANCIALE

UND PECORINO 73

PROJEKT: PERFEKTE PASTA 74

RIGATONI MIT FLEISCHRAGOUT 80

PULLED PORK 81

GERÖSTETER BLUMENKOHL MIT RÖSTZWIEBELN 83

Rote-Bete-JOGHURT-SALAT

4 PORTIONEN →

1 KG ROTE BETE, OHNE STIELANSÄTZE

2 EL NATIVES OLIVENÖL EXTRA

SALZ UND FRISCH GEMAHLENER SCHWARZER PFEFFER

2 BIO-ZITRONEN

250 G GRIECHISCHER JOGHURT

7 G GEHACKTER FRISCHER DILL

EIGENTLICH SOLLTE DAS EIN ROTE-BETE-CARPACCIO WERDEN. ABER DANN MACHTEN MAX UND ICH EINEN SCHWEINEBRATEN BEI ROBERTA'S UND MAX STELLTE DAS MENÜ ZUSAMMEN. ER HATTE TONNEN ROTER BETE, DIE ER EINFACH RÖSTETE, MIT ETWAS JOGHURT UND DILL ZUSAMMENWARF, PROBIERTE UND SAGTE: „ALSO, DAS KOMMT INS BUCH."

–ELI

1. Backofen auf 180 °C vorheizen.

2. Rote Bete mit Olivenöl und 1 TL Salz in einer Schüssel mischen. In eine Glas-Auflaufform schichten und 60 ml Wasser zugeben. Die Form mit Alufolie fest verschließen und etwa 1 Stunde backen, bis die Rote Bete weich ist. (Mit einem scharfen Messer oder einer Gabel testen.) Etwa 30 Minuten abkühlen lassen, dann die Schale durch Reiben mit einem Küchentuch oder Küchenpapier entfernen. Dicke, feste Schalen müssen evtl. mit einem Sparschäler entfernt werden. Rote Bete in 2,5–5 cm dicke Scheiben schneiden und beiseite stellen.

3. Die Schale beider Zitronen abreiben und eine Zitrone auspressen. Joghurt, Zitronenschale und -saft sowie die Hälfte des Dills mischen und mit Salz und Pfeffer abschmecken. Die Rote Bete zugeben und mischen. Mit dem restlichen Dill garnieren und sofort servieren.

DIES IST DIE ABWANDLUNG EINES REZEPTS AUS DER FAMILIE
EINES FREUNDES IN LOS ANGELES. ER BETEILIGTE SICH AN
EINEM PHILIPPINISCHEN FOOD-TRUCK-PROJEKT, DAS DURCH
DIE STRASSEN ZOG, UM HUNGRIGEN FILIPINOS IHRE EIGENE
KÖSTLICHE KÜCHE WIEDER NÄHERZUBRINGEN, WAS HELLE
BEGEISTERUNG AUSLÖSTE. HIER HABEN SIE DIE GELEGEN-
HEIT, EINE EINFACHE VERSION AUSZUPROBIEREN.

2 PORTIONEN

HÄHNCHEN-Adobo

2 EL OLIVENÖL

4 HÄHNCHENSCHENKEL,
MIT HAUT UND KNOCHEN
(ETWA 1 KG)

4 KNOBLAUCHZEHEN,
GEHACKT

160 ML APFELESSIG

80 ML TAMARI-SOJASAUCE

6 GANZE SCHWARZE
PFEFFERKÖRNER

2 LORBEERBLÄTTER

GEDÄMPFTER WEISSER REIS
ZUM SERVIEREN

1. Das Olivenöl in einem Schmortopf oder einem schweren Topf mit gut schließendem Deckel erhitzen. Hähnchenschenkel mit der Hautseite nach unten hineingeben und bei mittlerer Hitze etwa 5 Minuten goldbraun braten. Knoblauch zugeben und etwa 1 Minute hellbraun sautieren. Dann Essig, Sojasauce, Pfefferkörner und Lorbeerblätter zugeben. Die Flüssigkeit zum Kochen bringen, die Hitze reduzieren, den Deckel schließen und etwa 1½ Stunden unter gelegentlichem Rühren köcheln lassen.

2. Zum Servieren auf jedem Teller ein Reisbett anrichten, den Hähnchen-schenkel darauflegen und die Sauce darübergießen. Sofort servieren.

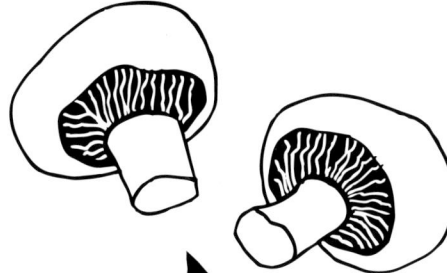

WENN IHNEN GELD UND KOCHKÜNSTE FEHLEN, DANN HILFT IHNEN EINFALLSREICHTUM: VERBRINGEN SIE DEN TAG BEIM PILZESAMMELN AUF DEM LAND (UND „VERGESSEN" SIE, DAS PICKNICK EINZUPACKEN). WENN SIE ZURÜCK SIND, WIRD IHR AUSGEHUNGERTER RENDEZ-VOUS-PARTNER DIESES GERICHT FÜR EIN DREI-STERNE-MAHL HALTEN.

2–4 PORTIONEN

WALDPILZE mit Rosmarin-Kartoffeln

4 EL (60 ML) OLIVENÖL

250 G GEMISCHTE WALD-
PILZE, OHNE STIEL UND
GROB GEHACKT

SALZ UND FRISCH GEMAHLE-
NER SCHWARZER PFEFFER

1 EL BUTTER

2 EL WEISSWEIN

375 G FINGERLINGKARTOF-
FELN, LÄNGS HALBIERT

1 EL GEHACKTER FRISCHER
ROSMARIN

1 EL GEHACKTER FRISCHER
THYMIAN

2 KNOBLAUCHZEHEN,
GEHACKT

60 ML SAHNE

½ ZITRONE

1. 3 EL Olivenöl in einer großen Pfanne erhitzen. Die Hitze reduzieren und die Pilze zugeben. (Die Pfanne nicht überfüllen, lieber einen Teil der Pilze hineingeben und schrumpfen lassen, bevor der Rest dazukommt.) Etwa 2 Minuten garen, ohne umzurühren.

2. Pilze mit Salz und Pfeffer würzen. Die Pfanne ein paarmal schnell aus dem Handgelenk schütteln, dann die Pilze weitere 2 Minuten ohne Rühren braten. Butter darin zerlassen, dann die Pilze etwa 30 Sekunden darin schwenken. Weißwein zugeben und den Ansatz vom Pfannenboden abkratzen. Wenn der größte Teil des Weins verdunstet ist, die Pilze auf einen Teller geben und beiseite stellen.

3. Bei mittlerer Hitze den restlichen EL Öl in die Pfanne geben. Kartoffeln, Rosmarin und Thymian schnell unterrühren, um die Kartoffeln mit dem Öl zu überziehen. Dann mithilfe einer Küchenzange mit der Schnittfläche nach oben arrangieren. 4–5 Minuten ohne zu rühren braten, bis die Unterseiten gebräunt sind. Auf die Schnittfläche drehen und etwa 3 Minuten weiterbraten.

4. Hitze reduzieren und Knoblauch unterrühren. Die Pilze zugeben und kurz danach die Sahne unterziehen. Mit Salz, Pfeffer und einem Spritzer Zitronensaft abschmecken und sofort servieren.

Vergessen Sie Tiefkühl- PIZZA

Fertigpizza – ob vom Lieferdienst oder aus der Tiefkühltruhe – ist eine Zumutung. Und so etwas sagen wir nicht einfach so dahin. Eine Pizza für ein paar Euro ist kein tolles Schnäppchen, sondern Geldverschwendung! Solche Pizzas sind mit Sauce überschwemmte, geschmacksneutrale, aufgeweichte Scheiben mit hartem Käse und aufgetautem, fadem Gemüse. Jedes Mal, wenn wir Leute Tiefkühlpizza essen sehen, schlagen wir sie ihnen aus der Hand, trampeln darauf herum und machen sie so ungenießbar. (Klingt krass, ist aber ein Dienst an der Allgemeinheit.)

Wenn Sie dieses Rezept probiert haben, werden Sie sich erstaunt fragen, warum Sie das nicht schon seit Jahren so machen. Aus endlos vielen Zutaten für den Belag eines goldbraunen, knusprigen Teigs auswählen zu können, ist doch ein weitaus besseres Erlebnis, als ein bisschen Kohle für einen Pappkarton mit pappigem Dreck auszugeben. In unserer Anleitung finden Sie ein Teigrezept, eine supereinfache Sauce, Infos zum Belag und ein paar klassische Varianten. Legen Sie sich einen Vorrat an, und Sie werden nie wieder an Fertigpizza denken.

Eine Pizza FÜR EIN PAAR EURO ist kein tolles Schnäppchen, sondern GELDVER- SCHWENDUNG!

PIZZAteig

300 ML WARMES WASSER

1 PÄCKCHEN (2 EL) TROCKENHEFE

¼ TL ZUCKER

470 G MEHL

2 TL SALZ

60 ML OLIVENÖL

1. Wasser, Hefe und Zucker in einer Schüssel vermischen und 5 Minuten rasten lassen. Mehl und Salz zugeben und mit einem Standmixer auf kleiner Stufe gründlich einarbeiten. Olivenöl zugeben und etwa 10 Minuten weitermixen, bis der Teig schön weich und elastisch ist.

2. Den Teig in ein leicht eingeölte Schüssel legen und mit Frischhaltefolie fest abdecken. 1–2 Stunden bei Zimmertemperatur gehen lassen, bis er etwa die doppelte Größe hat. Am besten ist es, diese Vorbereitungen schon sehr früh zu treffen (schon am Morgen oder am Vorabend des Pizzaessens) und den Teig im Kühlschrank gehen zu lassen – dann entwickelt er mehr Aroma.

3. Wenn der Teig im Kühlschrank gegangen ist, 1 Stunde vor dem Backen herausnehmen und auf Zimmertemperatur bringen.

PIZZA-GEHEIMNIS

Einer der besten Tricks für eine gute Pizza ist es, der Verlockung zu widerstehen, sie zu voll zu packen. Zu viel Sauce, Käse und andere Zutaten entwickeln beim Backen Feuchtigkeit, beschweren den Teig und weichen ihn durch, obwohl Sie doch einen schönen, knusprigen Teig wollen. Halten Sie sich etwas zurück und Ihre Pizza wird leckerer.

Einfache PizzaSauce

2 DOSEN GANZE TOMATEN (À 400 G)

2 KNOBLAUCHZEHEN, GEHACKT

1½ TL SALZ

60 ML OLIVENÖL

1. Die Tomaten abtropfen lassen und den Saft wegschütten. Tomaten in eine Schüssel geben und mit einem Pürierstab oder im Mixer bei hoher Stufe pürieren, bis die Sauce schön glatt ist. Knoblauch, Salz und Olivenöl zugeben und zu einer glatten Sauce pürieren.

2. Wenn Sie die Sauce nicht sofort verwenden, hält sie sich in einem luftdicht verschlossenen Behälter bis zu einer Woche im Kühlschrank.

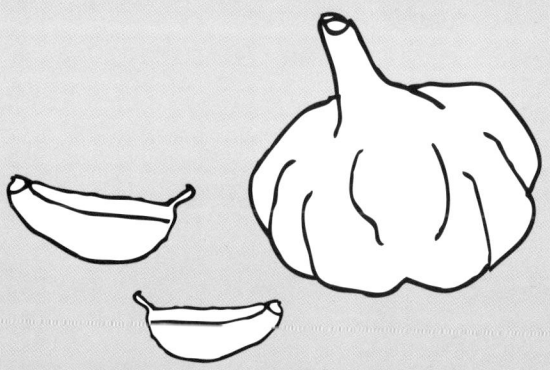

Wenn Sie das Pizzabacken wirklich ernsthaft betreiben wollen, dann legen Sie sich einen Pizzastein und einen Brotschieber zu. Das Backen direkt auf dem heißen Stein macht den großen Unterschied zwischen der selbst gemachten und der Pizza aus einer guten Pizzeria. Erhitzen Sie den Stein mindestens 30 Minuten vor dem Backen. Bemehlen Sie den Brotschieber leicht und belegen Sie die Pizza direkt darauf. Dann lassen Sie die Pizza vom Schieber direkt auf den heißen Stein gleiten. Wenn sie fertig ist, ziehen Sie sie mit dem Schieber wieder herunter. Auf ein Schneidbrett gleiten lassen und in Stücke schneiden.

MITBRINGSEL-PIZZA

Statt Freunde nur zum „geselligen Trinken" oder zum Siedler-von-Catan-Spielen einzuladen, lassen Sie sie doch schon bei der Essensvorbereitung helfen! Jeder bringt eine Zutat mit, die am ehesten seiner Persönlichkeit entspricht (z. B. Chips, frisches Obst, Nüsse, Quinoa). Sie bereiten den Teig und die Sauce vor, das Einkaufen kann Ihnen gestohlen bleiben und es ist ein raffinierter Weg, nicht alles bezahlen zu müssen.

Pizza wie vom Profi

PIZZATEIG (SEITE 63)

2 EL OLIVENÖL

375 ML EINFACHE PIZZASAUCE (SEITE 63)

BELAG NACH BELIEBEN

1. Ofen auf 230 °C vorheizen.

2. Zu Beginn prüfen, ob der Teig Zimmertemperatur hat. Das Olivenöl gleichmäßig auf dem Boden des Backblechs verteilen. Die Hände bemehlen und den Teig auf das Backblech legen. Den Teig vorsichtig durch Drücken und Ziehen bis an die Kanten auf dem Blech verteilen. Der Teig zieht sich immer wieder zusammen und glitscht auf dem Öl herum, sodass man ihn zunächst über den Blechrand hinaus etwas größer zieht, damit er hinterher die richtige Größe hat.

3. Die Sauce gleichmäßig auf dem Teig verteilen und nach Wunsch belegen. 5–10 Minuten backen, bis der Teig knusprig wird und die Sauce zu blubbern beginnt. In Stücke schneiden und servieren.

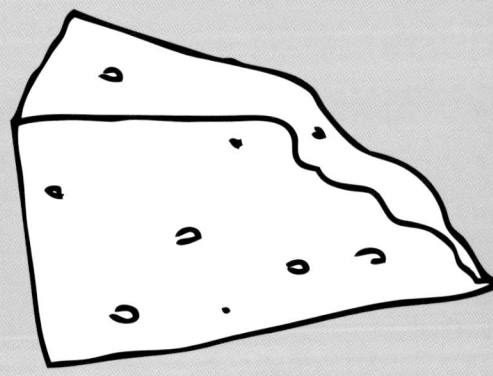

BELIEBTE Kombis

Margherita

Für diese klassische rote Pizza zupft man 125 g frischen Mozzarella in rund 2 cm große Stücke. Nachdem man die Sauce auf den Teig gegeben hat, verteilt man den Käse gleichmäßig darauf. Nach dem Backen mit frischen Basilikumblättchen belegen.

Speck und Gorgonzola

250 g Speck in kleine Würfel schneiden und in einer Pfanne bei mittlerer Hitze knusprig braten. Vom Herd nehmen und das Fett abgießen. Speck gleichmäßig auf der Pizza verteilen. Vor dem Backen 150 g Gorgonzola darüber krümeln.

Salsiccia, Endivien & Parmesan

Den Teig mit Tomatensauce bedecken, dann zerpflückte Endivien darauf verteilen. 125 g Salsiccia (italienische Wurst) zerkrümeln und ebenfalls gleichmäßig darauf verteilen. 2 EL frisch geriebenen Parmesan und ein paar Spritzer Olivenöl darübergeben und backen.

Reste-Spezial

Den Teig mit der würzigen Tomatensauce von Seite 73 bedecken und mit anderen Zutaten wie frischen Basilikumblättchen, dünn geschnittenem Speck, roter Zwiebel und/oder Knoblauchscheiben belegen, dann backen. Die Reste vom Pesto-Fleischklops-Sandwich verwenden (Seite 43), um die Pizza aufzupeppen. Dafür das Pesto auf dem Teig verteilen, Fleischklopse darauflegen, Mozzarella und getrocknete Chilis darüber, dann backen. Vor dem Servieren noch eine Handvoll frischen Rucola darauf verteilen.

Kapern, Sardellen & Petersilie

Etwas Olivenöl auf den Teig sprenkeln und 1 EL abgetropfte Kapern daraufgeben. 6 Sardellenfilets und ein paar Kleckse Ricotta gleichmäßig darauf verteilen. Für die richtige Schärfe nach Belieben ein paar Chiliflocken daraufstreuen. Die fertig gebackene Pizza mit 1 EL gehackter frischer Petersilie und einem Spritzer Zitronensaft würzen.

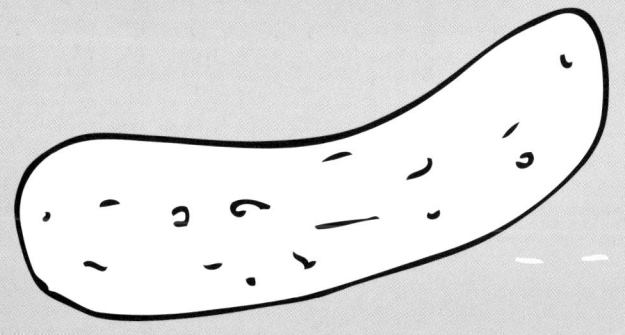

ICH LIEBE KOREANISCHES BARBECUE. SCHON DAS ENDLOSE ANGEBOT AN BANCHAN, DEN KLEINIGKEITEN ZUM REIS, IST FASZINIEREND, ABER DEN HÖHEPUNKT BILDET DAS FLEISCH. HIER UNSERE INTERPRETATION DER MARINIERTEN HOCHRIPPE, DIE VIEL AROMATISCHER IST ALS ALLES FLEISCH, DAS WIR JE IN EINEM RESTAURANT GEGESSEN HABEN. MARINIEREN SIE DAS FLEISCH ÜBER NACHT, BRINGEN SIE SICH AUF DEM NACHHAUSEWEG ETWAS KIMCHI MIT UND SIE HABEN EINEN PERFEKTEN KOREA-ABEND OHNE STINKENDE KLAMOTTEN.

Hochrippe Korea-Art

2-4 PORTIONEN

250 ML SOJASAUCE

60 ML REISESSIG

2 EL WEISSWEINESSIG

75 G BRAUNER ZUCKER

3 EL SRIRACHASAUCE, PLUS ETWAS MEHR ZUM SERVIEREN

1 EL FRISCH GEMAHLENER SCHWARZER PFEFFER

½ GROSSE ZWIEBEL, GEHACKT

1 BUND FRÜHLINGSZWIEBELN, NUR DIE WEISSEN TEILE, IN DÜNNEN RINGEN

8-10 KNOBLAUCHZEHEN GEHACKT

1,5 KG HOCHRIPPE

GEDÄMPFTER REIS UND HOISINSAUCE ZUM SERVIEREN

1. Sojasauce, 250 ml Wasser, Essig, braunen Zucker, Srirachasauce und Pfeffer in einer großen Schüssel vermischen. Zwiebel, Frühlingszwiebeln und Knoblauch zugeben und gut verrühren. Das Fleisch hineinlegen und in der Marinade wenden, bis es gut benetzt ist. Mit Frischhaltefolie abdecken und im Kühlschrank 12 oder besser 24 Stunden marinieren.

2. Ein großes, schweres Backblech mit Alufolie auslegen. Das Fleisch aus der Marinade nehmen, Zwiebeln, Frühlingszwiebeln und Knoblauch abstreifen. Auf das Blech legen und Zimmertemperatur annehmen lassen (das kann bis zu 1 Stunde dauern).

3. Den Grill anheizen und das Fleisch 5–7 Minuten grillen, bis es an der Oberfläche zu bräunen beginnt. Herausnehmen, umdrehen und weitere 5 Minuten grillen, bis es durch ist. Sofort mit Reis, Hoisin- und Srirachasauce servieren.

AN DIESER SUPPE IST ÜBERHAUPT NICHTS TRADITIONELL THAILÄNDISCH, UND DOCH ERINNERT SIE MICH AN EINE SUPPE, DIE ICH IMMER IN EINEM KLEINEN THAI-RESTAURANT AM PACIFIC COAST HIGHWAY BESTELLTE UND MIT BLICK AUF DEN OZEAN GENOSS. DESHALB SOLL DIESES REZEPT EINE HOMMAGE AN MEINE ZEIT IN MALIBU SEIN. –ELI

4–6 PORTIONEN

Shiitake-INGWER-SUPPE mit KNOBLAUCH-Hähnchen-Klößen

3 EL PFLANZENÖL

500 G HÄHNCHENBRUST MIT HAUT UND KNOCHEN

SALZ UND FRISCH GEMAHLENER SCHWARZER PFEFFER

500 ML HÜHNERBRÜHE

5 KNOBLAUCHZEHEN 4 GROB, 1 FEIN GEHACKT

30 G GEHACKTER FRISCHER INGWER

60 G SHIITAKEPILZE, OHNE STIELE, GEWÜRFELT

SHIITAKEBRÜHE (SEITE 154)

2 EL GEHACKTE FRÜHLINGSZWIEBELN

20 QUADRATISCHE WAN-TAN-TEIGBLÄTTER

1 GROSSES EI, VERQUIRLT

150 G ZUCKERERBSEN

90 G ENOKIPILZE

1. Das Öl in einem großen, tiefen Topf erhitzen. Hähnchen salzen, pfeffern und mit der Hautseite nach unten in den Topf legen. Etwa 3 Minuten auf jeder Seite bräunen. Hitze reduzieren und Hühnerbrühe, grob gehackten Knoblauch, Ingwer und Shiitakepilze zugeben. Unter gelegentlichem Rühren etwa 25 Minuten zugedeckt köcheln lassen, bis das Fleisch zart ist. Vom Herd nehmen, die Flüssigkeit abseihen und wieder in den Topf geben, die abgeseihten festen Bestandteile wegwerfen. Wenn das Hähnchen etwas abgekühlt ist, das Fleisch von den Knochen lösen und fein hacken. Zurück in die Kochflüssigkeit geben, leicht aufkochen und weitere 10 Minuten garen. Vom Herd nehmen und abkühlen lassen.

2. Die Shiitakebrühe in einen Suppentopf füllen und bei schwacher Hitze leise köcheln lassen. Für die Klöße das Hähnchenfleisch mit einem Schaumlöffel aus der Kochflüssigkeit heben und in eine Schüssel geben. Die Kochflüssigkeit wegschütten. Frühlingszwiebeln und fein gehackten Knoblauch zugeben und gut mischen. Die Wan-Tan-Teigblätter auf einer sauberen Arbeitsfläche ausbreiten und die Ränder ca. 1 cm breit mit dem Ei bepinseln. Je 1 TL der Hähnchenmasse daraufgeben, alle 4 Ecken zur Mitte hin zusammenfalten und andrücken. Übrige Hähnchenmasse in die Brühe geben.

3. Die Klöße in die Brühe geben und bei mittlerer Hitze köcheln. Nach 3 Minuten Zuckererbsen und Enokipilze zugeben und aufkochen. Vom Herd nehmen, in Schalen füllen, die Klöße verteilen und heiß servieren.

In Butter pochierter

← 2 PORTIONEN

KABELJAU mit Kräutersalat

500 G GESALZENE BUTTER, GEWÜRFELT

2 KABELJAU-, ROTBARSCH- ODER ANDERE FILETS VON FESTEM WEISSEM FISCH (À 200 G)

SALZ UND FRISCH GEMAHLENER SCHWARZER PFEFFER

SAFT VON 1 ZITRONE

2 EL NATIVES OLIVENÖL EXTRA

15 G GEHACKTE GEMISCHTE KRÄUTER WIE PETERSILIE, MINZE, SCHNITTLAUCH UND/ODER ESTRAGON

1. Die Butter in einem Topf bei mittlerer Hitze langsam zerlassen. Die Hitze reduzieren, sobald die Butter komplett geschmolzen ist. Die Filets salzen und in die Butter legen. Pochieren, bis sie fast durchgegart sind, je nach Dicke 10–15 Minuten. Mit einem Stäbchen in die dickste Stelle stechen, um zu prüfen, ob sie gar sind — es sollte sich sehr warm anfühlen.

2. Währenddessen Zitronensaft, Olivenöl, Salz und Pfeffer nach Belieben in einer Schüssel mischen. Die Kräuter zugeben und gut verrühren. Den Kräutersalat 10 Minuten ruhen lassen, damit sich die Aromen entwickeln können. Abschmecken.

3. Den gegarten Fisch mit einem breiten Pfannenwender auf Küchenpapier geben und kurz abtropfen lassen, dann auf einem flachen Teller anrichten. Den Kräutersalat auf dem Fisch verteilen.

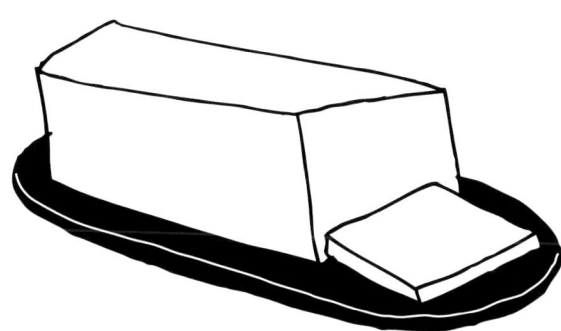

DIES HIER IST DEFINITIV MEIN LIEBLINGSREZEPT FÜR EIN SCHNELLES, EINFACHES PASTAGERICHT. UNVERGLEICHLICH, WIE SICH DIE SAFTIGEN SARDELLEN MIT DEN DEFTIGEN WALNÜSSEN ZU EINER WUNDERBAR AROMATISCHEN SAUCE VERBINDEN. NORMALERWEISE GÖNNE ICH MIR NOCH EINE EXTRAPRISE CHILIFLOCKEN DAZU. —MAX

4-6 PORTIONEN

Linguine mit SARDELLEN, Petersilie und Walnüssen

30 G WALNÜSSE

SALZ

500 G LINGUINE

2 EL NATIVES OLIVENÖL EXTRA

1 KNOBLAUCHZEHE, ZERDRÜCKT, ABER GANZ

6 SARDELLENFILETS

½ TL CHILIFLOCKEN ODER MEHR NACH BELIEBEN

7 G GEHACKTE GLATTE PETERSILIE

½ ZITRONE

1. Walnüsse bei mittlerer Hitze in einer trockenen Pfanne unter stetigem Rühren 5 Minuten rösten, bis sie zu duften beginnen und bräunen. Sofort auf ein sauberes Küchentuch geben, da Nüsse schnell verbrennen. Hacken und beiseite stellen.

2. Reichlich gesalzenes Wasser in einem großen Topf zum Kochen bringen. Die Pasta ins kochende Wasser geben und etwa 1 Minute kürzer kochen, als auf der Packung für al dente angegeben.

3. Währenddessen das Olivenöl in einer Pfanne erhitzen. Die zerdrückte Knoblauchzehe darin goldbraun rösten, dann wegwerfen. Die Sardellenfilets hineingeben, mit der Rückseite einer Gabel zerdrücken und 2–3 Minuten braten, bis sie zu duften beginnen.

4. Die Nudeln abgießen und ca. 50 ml Kochwasser zurückbehalten. Die Linguine zusammen mit den Chiliflocken und der Hälfte der Nüsse in die Pfanne geben. Umrühren, bis alles gut vermischt und die Pasta mit Öl umhüllt ist. Wenn die Pasta zu trocken ist, etwas Kochwasser dazugießen und umrühren. Petersilie und Zitrone zugeben, auf Teller verteilen, mit den restlichen Walnüssen garnieren und sofort servieren.

BEI ROBERTA'S HABE ICH MICH VIEL DAMIT BESCHÄFTIGT, WIE MAN VON GRUND AUF PASTA MACHT. DIESE SAUCE IST EINE SPIELART DES ALTMODISCHEN, GESCHMACKSINTENSIVEN KLASSIKERS AMATRICIANA. SIE VERBINDET SICH PERFEKT MIT DEN GARGANELLI. GUANCIALE IST ÜBRIGENS GEPÖKELTE SCHWEINEBACKE. ALS ERSATZ GEHT AUCH PANCETTA. –MAX

FRISCHE GARGANELLI mit ← 4 PORTIONEN
Tomaten, Steinpilzen, GUANCIALE und PECORINO

125 G GUANCIALE, GEWÜRFELT

½ ROTE ZWIEBEL, FEIN GEHACKT

SALZ UND FRISCH GEMAHLENER SCHWARZER PFEFFER

2 KNOBLAUCHZEHEN, I ZERDRÜCKT UND I FEIN GEHACKT

2 EL TOMATENMARK

2 DOSEN GANZE TOMATEN (875 G)

15 G GETROCKNETE STEINPILZE

GARGANELLI (SEITE 78)

2 EL FRISCH GERIEBENER PECORINO

4 FRISCHE BASILIKUMBLÄTTER, IN GROBEN STÜCKEN

1. Den Guanciale in einem Topf bei schwacher Hitze 5 Minuten knusprig braten. Zwiebel und eine Prise Salz zugeben und verrühren. Hitze erhöhen und die Zwiebel unter häufigem Rühren 5–10 Minuten weich braten und leicht bräunen. Die zerdrückte Knoblauchzehe zugeben und 3 Minuten braten. Tomatenmark zugeben, gut rühren und 3–4 Minuten braten, damit sich die Aromen verbinden.

2. Die Tomaten in eine Schüssel geben und mit den Händen grob zerdrücken. Zusammen mit ihrem Saft und den Steinpilzen in die köchelnde Sauce geben, auf sehr schwache Hitze reduzieren und unter häufigem Rühren 30–35 Minuten köcheln, bis sie beginnt, anzudicken. Den gehackten Knoblauch unterrühren und weitere 10 Minuten köcheln, bis eine schöne, dicke Sauce entsteht. Salzen und pfeffern, vom Herd nehmen und warm halten. (Man kann die Sauce auch vorbereiten und bis zu 5 Tage zugedeckt im Kühlschrank aufbewahren.)

3. Salzwasser in einem großen Topf zum Kochen bringen. Pasta hineingeben und etwa 3 Minuten weich kochen. Abseihen und mit etwas anhaftendem Kochwasser in den warmen Topf zurückgeben. Die warme Sauce und den Pecorino zugeben und gut vermischen. Basilikumblättchen unterheben und sofort servieren.

Perfekte PASTA

Ein Teller SELBST GEMACHTE Pasta mit SORGSAM gekochter Sauce ist an Geschmack und GLÜCKsfaktor einfach unübertrefflich.

Jedes Mal, wenn Sie vor der Entscheidung stehen, was Sie kochen (und essen) möchten, gibt es zwei Möglichkeiten: die einfache und die eindrucksvolle. Der einfache Weg führt zu einem Magenfüller, mit dem man bis zur nächsten Mahlzeit durchhalten kann. Natürlich kann man eine Tüte Nudeln kaufen, kochen und Tomatensauce aus der Dose darüberkippen. Jeder hat das schon getan, wir auch, sogar ein paarmal. Doch Pasta und Pastasauce aus dem Nichts zu zaubern bringt erst den Kick, der das Essen zu etwas Einzigartigem und Zufriedenstellendem macht. Ein Teller selbst gemachte Pasta mit sorgsam gekochter Sauce ist an Geschmack und Glücksfaktor einfach unübertrefflich. Ob es für Freunde, für den ganz besonderen Menschen in Ihrem Leben oder für Sie selbst ist, weil Sie einfach ein paar neue Kniffe in der Küche lernen wollen – Pasta ist ideal. Und geben Sie ruhig damit an! Sie werden Komplimente und Anerkennung ernten, die Ihr Ego in ungeahnte Höhen katapultieren.

PASTA Grundteig

ETWA 675 G; 6-8 PORTIONEN

150 G HARTWEIZENMEHL

300 G MEHL

4 GROSSE EIGELBE

3 GROSSE EIER

2 EL WASSER

1. Das Mehl in einer großen Schüssel mischen. In die Mitte eine Mulde drücken und Eigelbe, ganze Eier und 2 EL Wasser hineingeben.

2. Eier mit einer Gabel leicht verquirlen, dann alle Zutaten mit den Händen mischen. Dabei das Mehl nach und nach von den Seiten einarbeiten, den Teig kneten und falten, bis er geschmeidig ist. Wenn nötig, etwas Wasser zugeben, damit der Teig zusammenhält – der fertige Teig soll sich dennoch eher trocken anfühlen. Sobald sich eine Kugel formen lässt, mit dem nächsten Schritt fortfahren.

3. Den Teig auf eine leicht bemehlte Arbeitsfläche legen. Durchkneten, dabei mit den Handballen von sich weg drücken und auf eine Dicke von ca. 2,5 cm flach drücken. Wieder zusammenfalten, erneut flach drücken und dann um 90 Grad drehen. Wieder durchkneten und um 90 Grad drehen. Auf diese Weise den Teig 10 Minuten kneten, bis er elastisch ist. Wenn er auf Druck mit dem Finger leicht zurückspringt, ist er soweit.

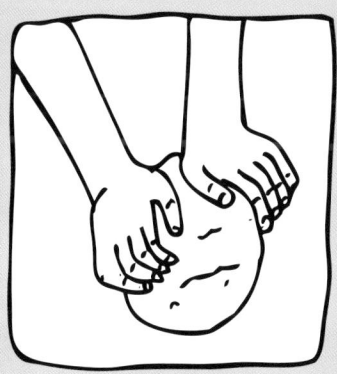

4. In Frischhaltefolie wickeln und bei Zimmertemperatur mindestens 1 Stunde und bis zu 12 Stunden ruhen lassen, bevor er weiterverarbeitet wird.

Wie bedient man eine NUDELMASCHINE ?

Lernen Sie eine NEUE Fertigkeit und beeindrucken Sie andere damit.

1. Nachdem der Teig genug geruht hat, kann er zu Pasta verarbeitet werden. Platzieren Sie die Nudelmaschine auf einer sauberen, glatten Arbeitsfläche. Ein Metzgerblock, Ihr Esstisch oder eine lange Theke sind gut geeignet.

2. Stellen Sie eine kleine Schüssel Mehl bereit. Schneiden Sie Ihre Teigkugel in 4 gleich große Stücke, das macht sie handlicher. Decken Sie die Stücke, mit denen Sie gerade nicht arbeiten, mit einem feuchten Geschirrtuch oder mit Frischhaltefolie ab.

3. Bemehlen Sie das erste Teigstück leicht und drücken Sie es mit den Händen ca. 12 mm flach. Stellen Sie die Nudelmaschine auf die dickste Einstellung und drehen Sie das erste Stück Teig langsam durch. Prüfen Sie den Teig, wenn er auf der anderen Seite herauskommt. Er soll sich weich und glatt anfühlen wie ein fester Keks und nicht feucht und klebrig. (In diesem Fall etwas bemehlen.)

4. Den Teig zusammenfalten und wieder durch die Maschine drehen. So lange wiederholen, bis sich der Teig elastisch anfühlt. Dazu sind etwa 5–10 Durchgänge nötig; dabei immer wieder falten und gegebenenfalls bemehlen. Er ist dann fertig, wenn er auf Druck mit dem Finger leicht zurückspringt.

5. Nun den Teig dünn auswalzen. Die Walze um eine Stufe herunterstellen und den Teig durchwalzen. Solange wiederholen, bis die Pasta die gewünschte Dicke hat. Bis zur Verwendung mit einem leicht angefeuchteten Tuch abdecken. Mit den anderen Teigstücken ebenso verfahren.

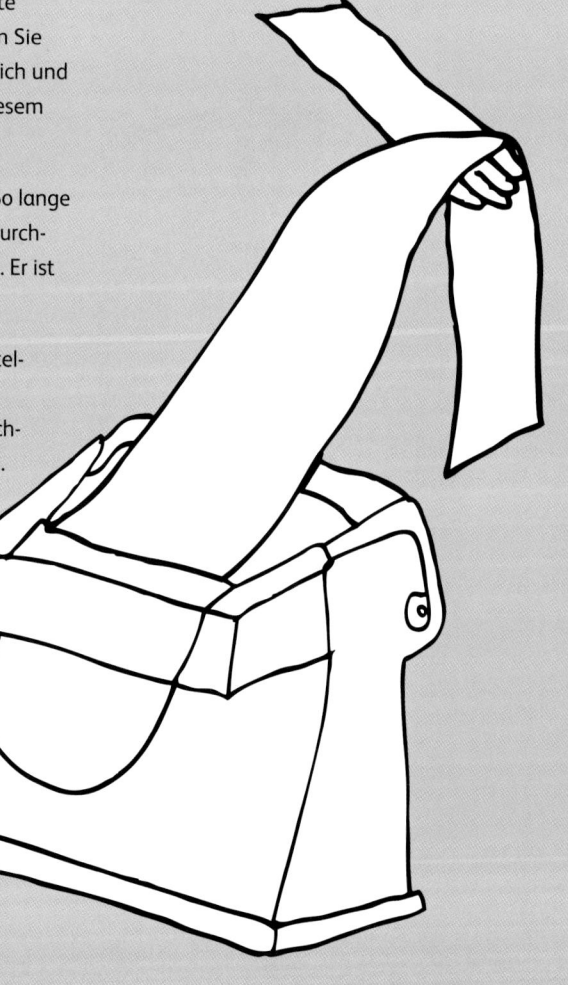

TIPPS von Max

Beim Pastamachen gibt es einige Faktoren, die erstmal einschüchternd wirken. Deshalb wollen wir es Ihnen so einfach wie möglich machen. Immerhin hat man dem Thema ganze Bücher gewidmet.

Alles, was ich über Pasta weiß, weiß ich von zwei Italienern.

Ich habe bei Roberta's mit zwei Italienern gearbeitet, die einfach Naturtalente im Pastamachen waren. Küchenchef Carlo Mirarchi und Angelo Romano weihten mich ein. Schon ihre Namen lassen vermuten, dass sie mir darin einiges voraus hatten. Ihre Nonnas brachten ihnen die uralten Geheimnisse des Pastamachens bei, während meine Nana mir zeigte, wie man Fruchtstücke in dreischichtigem Gelee einlegt.

PASTA ist wie Pizza

Wie bei der Pizza ist auch bei der Pasta ein guter Teig die halbe Miete. Überlädt man die Pizza mit Zutaten, dann wird sie weich und labberig. Mischt man in die Pasta zu viele Zutaten, dann gibt es einen Aromen-Mischmasch, der einen beim Essen überfordert. Wenn Sie sich schon die Zeit für selbst gemachte Pasta nehmen, stellen Sie sie in den Vordergrund. Konzentrieren Sie sich auf drei, vier Aromakomponenten: Fleisch, Käse, Gemüse und Sauce (das können Hühner- oder Fischfond sein, Tomaten, Sahne, Butter oder eine Kombi).

Pasta und Sauce

Das wahrscheinlich Wichtigste, was ich von Carlo und Angelo gelernt habe, ist, dass Pasta und Sauce eins sind. In der Schüssel darf nach dem Essen keine Tomatenflüssigkeit mit merkwürdiger Farbe zurückbleiben. Es gibt eine Menge Leute, die zu diesem Thema eine Menge zu sagen haben, dabei ist es meiner Meinung nach ganz einfach: Schwere Saucen mit viel Zeug brauchen große, dicke, geformte Nudeln mit fester Struktur. Leichtere Saucen mit weniger festen Stücken entsprechend leichte Nudeln. Die Sauce soll dick genug sein, um an den Nudeln zu haften. Ohne den Taschenrechner hervorholen zu wollen: Pasta- und Saucenmenge sollten immer gut aufeinander abgestimmt sein.

Die TEXTUR beachten

Ein Gericht wird bestimmt von Geschmack, Aussehen, Geruch und Textur. In Streifen geschnittene Hähnchenbrust auf einem Berg Pasta macht keinen Sinn (sorry, aber ich kenne Leute, die das immer wieder machen).

Weniger ist mehr

Das ist in so mancher Hinsicht wahr und meine grundsätzliche Überzeugung beim Essen. Nur, weil man eine Leinwand hat, muss man nicht jedes Eckchen ausfüllen und jedes Farbtöpfchen benutzen. Die Pasta sollte der Hauptdarsteller auf dem Teller sein. Verwenden Sie nicht zu viel Sauce – lassen Sie Aroma und Textur wirken. Zerkochen Sie die Pasta nicht – sie soll al dente sein, bissfest, strukturiert, wie auch immer Sie es nennen möchten. Salzen Sie das Kochwasser ausreichend, sonst schmeckt die Pasta fade.

Wir wissen, dass Sie eher selten selbst Ravioli machen werden. Und wissen Sie was: Das ist okay für uns, denn das Raviolimachen sollte schon etwas Besonderes sein. Es gibt wenige Dinge zwischen Himmel und Erde, die befriedigender sind als gut gemachte Ravioli. Sie zu machen, sollte eine Fähigkeit sein, die Sie weiterentwickeln können und die Ihnen Ihr Leben lang bleibt. Wie Reifen wechseln oder eine Bank bauen. Es ist zuerst ein bisschen knifflig, aber wenn man es einmal draufhat, geht es wie von selbst.

Ravioli

Den Teig mit der Nudelmaschine zu einer langen Platte in Breite der Walze auswalzen, etwa 3 mm dick, oder mit dem Nudelholz auf einer bemehlten Arbeitsfläche zur gleichen Dicke ausrollen. Quer in 4 gleich große Stücke schneiden. Je einen knappen Esslöffel Füllung mit Abständen auf einem Stück verteilen und mit einem zweiten Stück bedecken, die Ränder aneinander ausrichten. Mit den Fingern die Luft von der Füllung wegdrücken und mit einer Raviolipresse Ravioli formen. Mit dem übrigen Teig ebenso verfahren. Auf einem mit Backpapier belegten Backblech bis zur Benutzung einfrieren. In großzügig gesalzenem Wasser 3–5 Minuten kochen.

Garganelli

Den Teig mit der Nudelmaschine bis zur zweitdünnsten Walzeneinstellung zu Platten ausrollen. Auf einer leicht bemehlten Arbeitsfläche etwa 10 Minuten ruhen lassen. Die Stücke mit einem Kochmesser in 5 cm große Quadrate schneiden. Mit einem Holzstab (oder einem Kochlöffelstiel, einem Stift oder ähnlichem) zu Röhrchen mit rund 1 cm Durchmesser und spitz zulaufenden Enden rollen. Dafür legen Sie ein Quadrat so hin, dass eine Spitze auf Sie weist. Den Stab waagerecht auf die nächstgelegene Ecke legen und die Ecke an den Stab drücken. Nun rollen Sie den Teig gleichmäßig von sich weg, sodass die parallelen Ecken gleichzeitig den Stab berühren und die gegenüberliegende Ecke etwa an der gleichen Stelle wie die erste Ecke zu liegen kommt. Leicht andrücken, vom Stab streifen und auf ein bemehltes Backblech legen. Wenn alle Garganelli gerollt sind, können sie bis zur Verwendung eingefroren werden. Zum Garen in großzügig gesalzenes Wasser geben und 3 Minuten kochen.

Dies hier ist eine meiner liebsten Pastaformen, weil es eine frische Version der Penne ist, die – wie wir alle wissen – neben dem Buchdruck und dem Klettverschluss eine der tollsten Erfindungen der Menschheit sind. Es ist der gleiche Teig wie für alle anderen frischen Pastasorten. Er wird zu Röllchen geformt, die die Sauce beherbergen. Sie sind perfekt, um Guanciale-Stückchen und rote Zwiebeln aufzunehmen. -Max

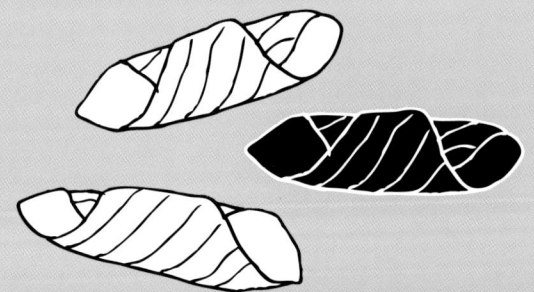

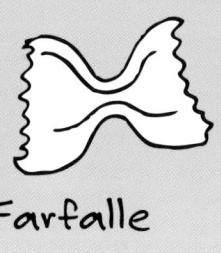

Farfalle

Tortellini

Flache Eiernudeln erinnern mich an die Eiernudeln, die es in meiner Kindheit in der Hühnersuppe gab. Tagliatelle sind die intelligente Version von Eiernudeln. Etwas dicker und mit einer interessanteren Textur machen sie sich noch immer gut in einer Schale Suppe oder einfach mit etwas Butter und Parmesan.

Für diese Form sollte die Pasta etwas dicker sein. Prüfen Sie minütlich, ob sie schon fertig gegart sind. Sie brauchen höchstens 3–4 Minuten. -Max

Penne

Gemelli

Tagliatelle

Den Teig mit der Nudelmaschine bis zur zweitdünnsten Walzeneinstellung zu Platten ausrollen. Auf einer leicht bemehlten Arbeitsfläche 10–15 Minuten ruhen lassen. Mit einem Kochmesser in 6 mm breite und 25 cm lange Bänder schneiden. In Hartweizenmehl wenden, damit sie nicht kleben, in Frischhaltefolie oder Butterbrotpapier wickeln und im Kühlschrank maximal einen Tag aufbewahren. In großzügig gesalzenem Wasser 3 Minuten kochen.

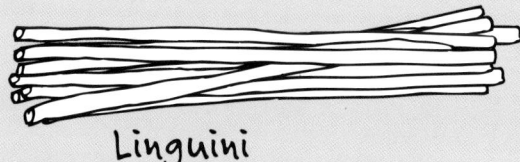

Linguini

Fettuccine

ES GIBT TAGE, AN DENEN ICH MICH NICHT ZU EINEM
GEMÜTLICHEN SONNTAGSBRUNCH AUFRAFFEN KANN.
DANN WACHE ICH SPÄTNACHMITTAGS AUF UND RUFE ELI
AN, WAS ER SO MACHT. „DENKST DU, WAS ICH DENKE?
RAGOUT! LOS GEHT'S!" SANFT GEGARTES SCHWEINE-
FLEISCH + RIND + TOMATE = SUPERLECKER. –MAX

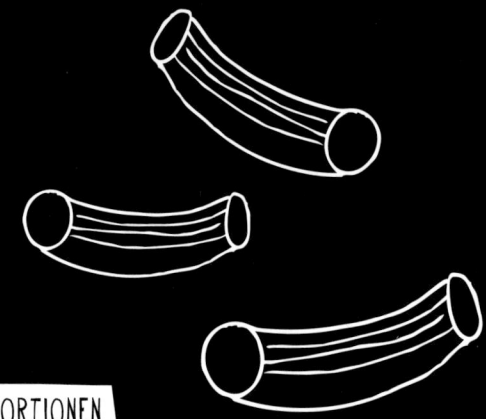

Rigatoni
← 4-6 PORTIONEN
mit FLEISCHRAGOUT

1 ZWIEBEL,
GROB GEWÜRFELT

1 GROSSE KAROTTE,
GROB GEWÜRFELT

2 SELLERIESTÄNGEL,
GROB GEWÜRFELT

1 EL NATIVES OLIVENÖL
EXTRA

SALZ

500 G SCHWEINEHACK-
FLEISCH

500 G RINDERHACKFLEISCH

5 EL (90 G) TOMATENMARK

250 ML HÜHNERBRÜHE

500 G RIGATONI

½ TL CHILIFLOCKEN

¼ TL THYMIAN

1 PRISE ZIMT

60 ML SAHNE

30 G FRISCH GERIEBENER
PARMESAN

1. Zwiebel, Karotte und Sellerie in der Küchenmaschine grob pürieren. Olivenöl in einem großen Topf erhitzen, das Gemüsepüree zusammen mit einer Prise Salz in den Topf geben und unter häufigem Rühren etwa 30 Minuten kochen, bis das Gemüse weich ist. Hackfleisch zugeben und unter häufigem Rühren etwa 45 Minuten garen, bis das Fleisch durch und das Wasser weitgehend verkocht ist, dabei das Fleisch mit dem Löffel auflockern. Tomatenmark und Hühnerbrühe zugeben und etwa 5 Minuten auf die Hälfte reduzieren.

2. Kurz bevor die Sauce fertig ist, großzügig gesalzenes Wasser in einem Topf zum Kochen bringen. Pasta hineingeben und nach Packungsan- weisung al dente kochen.

3. Währenddessen Chiliflocken, Thymian, Zimt und Sahne in die Sauce geben und unter Rühren etwa 5 weitere Minuten kochen, bis die Sahne dick wird und sich die Aromen verbunden haben. Die Sauce sollte schließlich sehr dick, aber nicht trocken sein. Abschmecken.

4. Pasta abgießen, sofort zum Ragout geben und gut verrühren. Parme- san zugeben und rühren, bis er geschmolzen und Pasta und Sauce gut durchgewärmt sind. Sofort servieren.

DIESES GERICHT SERVIERE ICH AM LIEBSTEN ALS ABENDESSEN FÜR GROSSE GRUPPEN. EINMAL HABE ICH ES FÜR EINE SUPERBOWL-PARTY GEMACHT UND – KEIN WITZ – ES WAR WEG, BEVOR DAS SPIEL LOSGING. ES WIRKT VIELLEICHT ABSCHRECKEND, ABER MAN STREICHT NUR EIN BISSCHEN ZEUG AUF DAS SCHWEINEFLEISCH, TUT ES IN DEN OFEN UND BESTAUNT NACH 8 STUNDEN DIE VERWANDLUNG. PASST TOLL ZU JALAPEÑO-KOHL (SEITE 103). –ELI

PULLED PORK

4-6 PORTIONEN

2 EL PFLANZENÖL

2 KG SCHWEINENACKEN

SALZ UND FRISCH GEMAHLENER SCHWARZER PFEFFER

350 ML BIER

1 GROSSE WEISSE ZWIEBEL, GEHACKT

60 G BRAUNER ZUCKER

1 EL CHILIPULVER

1. Ofen auf 120 °C vorheizen.

2. Das Öl in einem großen Schmortopf erhitzen. Das Fleisch an allen Seiten salzen und pfeffern. Etwa 15 Minuten von allen Seiten anbraten, bis sich eine leichte Kruste bildet, dabei bei Bedarf wenden.

3. Das Bier darübergießen. Zwiebel, braunen Zucker und Chilipulver zugeben und mischen. Bei zugedecktem Topf 6 Stunden im Ofen garen.

4. Den Topf aus dem Ofen nehmen und mit einer Gabel testen, ob das Fleisch durch ist. Es sollte leicht zerfallen. Gegebenenfalls wieder zudecken und noch eine weitere Stunde oder länger garen, bis es leicht auseinanderfällt. Aus dem Ofen nehmen und 10 Minuten ruhen lassen, dann auf einem Schneidbrett mit den Fingern auseinanderzupfen. Dabei große Fettstücke entfernen. Wieder in den Topf geben und in die Bratenflüssigkeit rühren. Wieder in den Ofen stellen und 1–2 Stunden oder bis zum Servieren köcheln lassen.

DIES IST EINES MEINER LEIBGERICHTE SEIT MEINER ZEIT
ALS MÜLLTAUCHER UND VEGANER, ZU DER GUTES TAHINI NOCH
ALS KÄSEERSATZ DIENTE. AUCH NACH MEINER RÜCKKEHR ZUM
ZÜGELLOSEN FLEISCHESSEN HAT ES SICH BIS HEUTE GEHALTEN,
LECKER WIE EH UND JE. –MAX

 4 PORTIONEN

Gerösteter BLUMENKOHL MIT Röstzwiebeln

4 EL (90 ML) NATIVES
OLIVENÖL EXTRA

2 ZWIEBELN, IN DÜNNE
SCHEIBEN GESCHNITTEN

SALZ

150 G TAHINI

3 EL FRISCHER ZITRONEN-
SAFT

1 KNOBLAUCHZEHE,
GEHACKT

1 BLUMENKOHL, GROB IN
RÖSCHEN ZERTEILT

30 G GLATTE PETERSILIE

1. Ofen auf 230 °C vorheizen. 2 EL Olivenöl in einer Pfanne erhitzen. Zwiebeln zugeben und gut umrühren. 1 TL Salz unterrühren und etwa 30–45 Minuten unter stetigem Rühren weiterbraten, bis die Zwiebeln weich und goldbraun sind. Eventuell die Hitze reduzieren, damit nichts anbrennt.

2. Tahini, 180 ml Wasser, 1 TL Salz, Zitronensaft und Knoblauch in einer Schüssel mischen und beiseite stellen.

3. Mit den restlichen 2 EL Olivenöl ein großes, schweres Backblech fetten. Die Blumenkohlröschen darauf verteilen und gut im Öl wenden. Mit reichlich Abstand zueinander anordnen und salzen. Etwa 15 Minuten rösten, bis sie unten schön braun, aber nicht verbrannt sind. Wenden und weitere 10 Minuten rösten, bis sie auf der anderen Seite braun und weich sind.

4. Den Blumenkohl auf eine Servierplatte legen. Mit den Röstzwiebeln und den Petersilienblättchen garnieren und mit der Tahinisauce beträufeln. Sofort servieren, die restliche Sauce auf den Tisch stellen.

FÜR EINE GROSSARTIGE DINNERPARTY GILT: LASSEN SIE DAS ESSEN NICHT ANBRENNEN, DEN ALKOHOL NICHT AUSGEHEN UND DEN MP3-PLAYER KEINE PEINLICHE MUSIK SPIELEN.

Dinnerparty

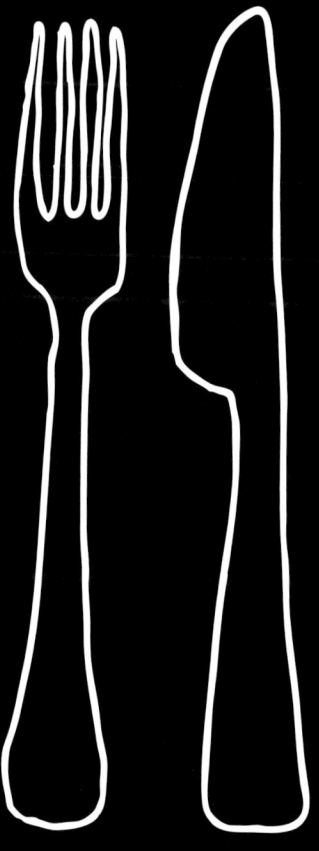

PROJEKT: COCKTAILS 86

Mediterran-Nahöstliches

AVGOLEMONO 90

GEBRATENE LAMMKEULE 93   ORZOSALAT 94

GEGRILLTE FEIGEN MIT HONIG UND PISTAZIENJOGHURT 95

Mi casa es tu tacqueria

FISCHTACOS MIT TOMATILLOSALSA 98

GERÖSTETE MAISSUPPE 102   JALAPEÑO-KOHL 103

ZIMTCHURROS 105

Sussman-Surf and Turf

FRITTIERTE AUSTERNHÄPPCHEN 106

SCHWEINEKOTELETTS MIT APFELCHUTNEY 109

ENDIVIENSALAT MIT WARMER SARDELLENVINAIGRETTE 112

GERÖSTETES WURZELGEMÜSE MIT ROMESCOSAUCE 113

BIRNENTARTE 114

Erzherzog Franz Ferdinands Lieblingsspeisen

HÄHNCHENSCHNITZEL 117

GESCHMORTER ROTKOHL MIT KAROTTEN UND SPECK 118

GURKENSALAT 119   MANDELKEKSE 120

COCKTAILS

Wer Ehrfurcht oder sogar Angst vor dem Mixen von Cocktails hat, der hat vielleicht undeutliche Vorstellungen von der Sache oder glaubt, zu viel falsch machen zu können, aber: Gästen Cocktails zu servieren, sollte eine entspannte und genussreiche Angelegenheit sein, genau wie das Trinken selbst. Quälen Sie sich nicht mit dem Anspruch, eine „echte" Bar besitzen zu wollen. Solange Sie keine Zwanzigerjahre-Party schmeißen (die wir gern besuchen würden, aber nicht, ohne Sie dabei zu vergackeiern), müssen Sie nicht sämtliche Gerätschaften besitzen, die Ihr schnauzbärtiger Mixologe in Hosenträgern zur Auswahl hat. Niemand hat Lust zu warten, während Sie in der Küche Erdbeeren zermantschen. Egal was für eine Party Sie veranstalten, hier finden Sie ein paar einfache, schnelle Cocktails für Ihr neues Drinkmixer- und Drink-Repertoire. Sie brauchen weniger als zehn Dinge für Ihre Grundausstattung: einen Shaker, Magenbitter, trockenen und süßen Wermut, Wodka, Whiskey (Rye, Bourbon oder beides), Gin, Tonic Water und frische Zitronen. Diese Drinks sind Vorschläge, um die Sache ins Rollen zu bringen. Machen Sie es wie beim Kochen: Geben Sie dazu, was Sie mögen, und lassen Sie anderes weg. Und vergessen Sie den ganzen Mixology-Blödsinn. Schließlich trinken Sie, um betrunken zu werden, und nach vier Drinks schmeckt sowieso alles gleich. Auch wenn Cocktails nicht so Ihre Sache sind und Sie sich lieber die ganze Nacht mit Jägermeister oder Alabama Slammers vergnügen: Wir hängen gern mit Ihnen zusammen ab.

> Machen Sie es wie beim KOCHEN: Geben Sie dazu, was Sie mögen, und lassen Sie anderes WEG.

Diesen Drink haben wir nach einer der größten Filmfiguren aller Zeiten – zumindest für uns persönlich – benannt. Max und ich zitieren ständig seinen berühmtesten Satz: „My name is ... (you killed my father, prepare to die)!" Nun ja, sein Name klingt nach Super-Brutalo, warum ihn also nicht für einen Killer-Cocktail ausleihen? Nebenbei huldigt der Drink einer der unterbewertetsten Seifenopern der Weltgeschichte. -Eli

Dieser Drink ist nach dem Barkeeper aus meiner Lieblings-Bar „The Narrows" benannt. Keith macht die besten Drinks von ganz Brooklyn. Er sticht den klassischen Manhattan (Elis Lieblingsdrink) aus, indem er den üblichen Bitter durch den würzigen, superbitteren Fernet-Branca ersetzt, einen italienischen Digestif, der schon allein dank der Mitarbeiter bei Roberta's im Geschäft bleibt. -Max

Inigo MONTOYA

1 DRINK

EISWÜRFEL

4 CL TEQUILA BLANCO

SAFT EINER KLEINEN ORANGE

SAFT EINER ZITRONE

SALZ

125 ML ZITRONENLIMONADE (Z.B. SPRITE)

1. Einen Cocktailshaker und ein schmales Glas mit Eis füllen, Tequila, Orangen- und Zitronensaft und eine Prise Salz dazugeben. Schließen und schütteln. In ein Glas gießen und mit der Limo auffüllen. Umrühren und servieren.

KEITH'S Coc'

1 DRINK

6 CL RYE WHISKEY

1 EL SÜSSER WERMUT

5 SPRITZER FERNET-BRANCA

EISWÜRFEL

ORANGENZESTEN ZUM GARNIEREN

1. Whiskey, Wermut und Fernet-Branca in einen Cocktailshaker oder ein Mixglas geben, mit Eis auffüllen. Schließen und schütteln oder mit einem langen Barlöffel gründlich mischen. In ein Cocktailglas oder ein mit Eiswürfeln gefülltes Longdrinkglas füllen, mit den Orangenzesten garnieren und servieren.

Dieser Drink ist nach Max benannt, der nach aberwitzig vielen Arbeitsstunden, immer im Wechsel zwischen dem Managen einer Restaurantküche und dem Schreiben eines Kochbuchs, mit diesem Drink, einer Abwandlung des klassischen Negroni, entspannt. Er ersetzt Gin durch Bourbon, was für ein ebenso genüssliches wie effektives Besäufnis sorgt. -Eli

DRUNK to the Max

1 DRINK

EISWÜRFEL

4 CL SÜSSER WERMUT

4 CL CAMPARI

6 CL BOURBON

1 ORANGENSCHEIBE

ORANGENZESTEN ODER -SCHEIBE ALS DEKO

1. Ein Glas mit Eis und den Getränken füllen. Die Orangenscheibe dazu ausdrücken und umrühren. Mit Orangenzesten oder -scheibe garnieren und servieren.

Mit diesem Drink bringt man auf kostengünstige Weise eine Party in Schwung – mit anderen Worten ein Punsch für faule Geizkrägen. Nehmen Sie sich vorsorglich den nächsten Tag frei. Wenn der Punsch dann zur Neige geht, blättern Sie weiter zum Kapitel Mitternachtssnacks (Seite 123).

Call A CAB

FÜR EINE MENGE LEUTE

6 DOSEN (330 ML PRO PERSON LEICHTBIER

1 FLASCHE (1,5 L) EISTEE

1 FLASCHE (0,75 L) WODKA

½ FLASCHE (375 ML) LIMONADENKONZENTRAT

1 KG EIS

1. Alle Zutaten mixen und in eine Bowlenschüssel geben. Servieren.

Nach einer durchzechten Nacht gibt es nur zwei Wege, wieder ins Lot zu kommen: eine Bluttransfusion oder Weitertrinken. Diese Bloody-Mary-Interpretation mit angeberisch aromatisiertem Wodka (er wurde spektakulär mit den anderen traditionellen Bloody-Mary-Zutaten in Gläsern ziehen gelassen) ist einfach perfekt zum Brunch. Es ist eine Art Appetizer vor dem Essen für all Ihre Freunde. Und wenn Sie sich die Zeit nehmen wollen (aber aufgepasst, das dauert mindestens fünf Tage), dann bereiten Sie die Drinks direkt am Tisch zu, um allen die harte Arbeit, die dahintersteckt, vorzuführen.

BlutTRANSFUSION

4-6 DRINKS

375 ML WODKA

4 SELLERIESTANGEN, GEPUTZT UND LÄNGS HALBIERT, PLUS ETWAS MEHR ZUM GARNIEREN

12 CHERRYTOMATEN, HALBIERT, PLUS EINIGE HÄLFTEN ZUM GARNIEREN

10 PFEFFERKÖRNER

1 JALAPEÑOCHILI, HALBIERT UND ENTKERNT

1 ZITRONE HALBIERT

EISWÜRFEL

TOMATENSAFT, GEKÜHLT

TABASCOSAUCE

1. Wodka in 2 große Gläser mit Schraubverschluss füllen. Je 2 Selleriestangen, 6 Cherrytomaten, 5 Pfefferkörner und eine Chilihälfte in jedes Glas geben. Den Saft und das Fruchtfleisch einer halben Zitrone hineinpressen (die Schale wegwerfen, sie ist zu bitter). Die Gläser gut verschließen und hinten in den Kühlschrank stellen. Mindestens 5 Tage und bis zu 2 Wochen ziehen lassen.

2. Zum Servieren 4–6 Gläser mit Eiswürfeln füllen. In jedes etwa 125 ml Tomatensaft geben. 60–90 ml des aromatisierten Wodkas in jedes Glas geben und je 2 Spritzer Tabasco zugeben. Mit einem langen Barlöffel umrühren, jedes Glas mit ein paar Tomatenhälften und einem Selleriestängel garnieren und servieren.

DETROIT IST FÜR SEINE GRIECHISCH-AMERIKANISCHEN DINER, DIE
CONEY ISLANDS, BEKANNT. HIER SPIELEN WEDER HERKUNFT NOCH
RASSE, EINKOMMEN ODER ALTER EINE ROLLE ... PRAKTISCH JEDER,
DER HIER LEBT, FINDET SIE TOLL. IMMER, WENN ICH MIT EINEM
NACHTFLUG AUS L.A. KAM, FUHR ICH DIREKT ZUM CONEY ISLAND, IN
DER NÄHE MEINER ELTERN, UM MIR DIESE SÄTTIGENDE HÜHNERSUPPE
MIT EI UND ZITRONE UND EIN HÜHNCHENPITTA ZU HOLEN. EGAL, DASS
ES 7 UHR MORGENS WAR ... ICH BRAUCHTE MEINE DOSIS CONEY. —ELI

6-8 PORTIONEN

AVGOLEMONO

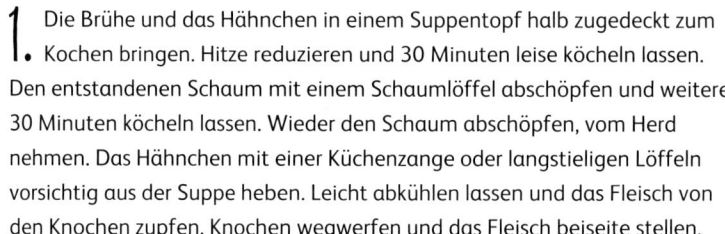

2,5 L GUTE, SALZARME
HÜHNERBRÜHE

1 GANZES HÄHNCHEN, MÖG-
LICHST AUS BIOLOGISCHER
HALTUNG, (CA. 1,5 KG)

330 G WEISSER REIS

4 GROSSE EIGELBE

SAFT VON 3 ZITRONEN

SALZ UND FRISCH
GEMAHLENER PFEFFER

GEHACKTE GLATTE PETER-
SILIE NACH BELIEBEN

1. Die Brühe und das Hähnchen in einem Suppentopf halb zugedeckt zum Kochen bringen. Hitze reduzieren und 30 Minuten leise köcheln lassen. Den entstandenen Schaum mit einem Schaumlöffel abschöpfen und weitere 30 Minuten köcheln lassen. Wieder den Schaum abschöpfen, vom Herd nehmen. Das Hähnchen mit einer Küchenzange oder langstieligen Löffeln vorsichtig aus der Suppe heben. Leicht abkühlen lassen und das Fleisch von den Knochen zupfen. Knochen wegwerfen und das Fleisch beiseite stellen.

2. Währenddessen den Reis in den Suppentopf geben und etwa 20 Minuten in der Suppe köcheln, bis er weich ist. Das Hähnchenfleisch zugeben und den Topf vom Herd nehmen. In einer hitzebeständigen Schüssel die Eigelbe gründlich verquirlen. Etwas Brühe mit einer Schöpfkelle zugeben (etwa 125 ml). Nach jeder Zugabe sorgfältig verrühren, bis etwa 500 ml zugegeben sind. Die Mischung sollte noch heiß sein.

3. Die Suppen-Eigelb-Mischung wieder in den Suppentopf gießen und gut umrühren. Den Herd nicht wieder anstellen. Zitronensaft einrühren, mit Salz und Pfeffer abschmecken und nach Belieben mit Petersilie garnieren.

HINWEIS Wenn die Suppe abgekühlt ist und Sie sie wieder aufwärmen, machen Sie das nur sehr vorsichtig bei schwacher Hitze. Lassen Sie sie auf keinen Fall aufkochen, sonst stocken die Eier.

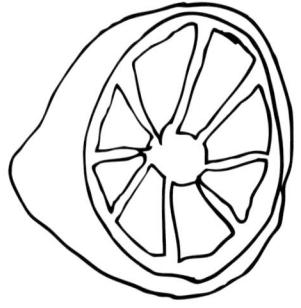

EINE LAMMKEULE, MIT KRÄUTERN UND GEWÜRZEN MARINIERT, AUF DEN PUNKT GEGART UND SERVIERT MIT AUBERGINENWÜRFELN, IST WUNDERBAR ANZUSEHEN. WENN SIE DIE KEULE AUFSCHNEIDEN, DANN ZEIGT SICH IHR ERFOLG BEI DIESER URALTEN METHODE DES FLEISCHBRATENS: HABEN SIE ES RICHTIG GEMACHT, DANN LÖSEN SICH ALL IHRE BEFÜRCHTUNGEN IN STOLZ AUF.

Gebratene Lammkeule

1 LAMMKEULE MIT KNOCHEN, (ETWA 2,5 KG)

FÜR DIE MARINADE

4 GROSSE KNOBLAUCH-ZEHEN, ZERDRÜCKT

2 EL SALZ

1 TL GEMAHLENER KREUZKÜMMEL

2 TL GEMAHLENER KORIANDER

SCHALE VON 2 BIO-ZITRONEN

SCHALE VON 1 BIO-ORANGE

2 TL CHILIFLOCKEN

60 ML NATIVES OLIVENÖL EXTRA

OLIVENÖL ZUM BRATEN

300 G MEHL

2 EL ZA'ATAR (SEITE 154)

3 GROSSE EIER

250 G SEMMELBRÖSEL

1 GROSSE AUBERGINE, GESCHÄLT UND GROB GEWÜRFELT

GEHACKTE ROTE ZWIEBELN UND MINZE ZUM GARNIEREN

1. Lamm in einen Bräter legen. Alle Zutaten für die Marinade in einer Schüssel gut vermischen und das Fleisch damit einreiben. Mit Frischhalte-folie abgedeckt im Kühlschrank mindestens 1 Stunde und bis zu 24 Stunden marinieren.

2. Ofen auf 230 °C vorheizen. Inzwischen das Lamm Zimmertemperatur annehmen lassen. Den Knoblauch wegwerfen. Fleisch etwa 15 Minu-ten rösten, bis es zu bräunen beginnt. Die Ofentemperatur auf 165 °C reduzieren und das Fleisch 30–45 Minuten weiterbraten, bis ein in die dickste Stelle, weit vom Knochen entfernt, gestecktes Bratenthermometer 60 °C anzeigt (medium). Das Fleisch mit Frischhaltefolie abgedeckt 10–15 Minuten ruhen lassen. Den Bräter mit dem Bratfett beiseite stellen.

3. Währenddessen etwa 2,5 cm hoch Olivenöl in eine große Pfanne füllen und erhitzen. Mehl und Za'atar in einer Schüssel mischen. Die Eier in eine zweite Schüssel geben und gründlich verquirlen. Die Semmelbrösel in eine dritte Schüssel füllen. Die Auberginenwürfel portionsweise mit den Händen oder einem Schaumlöffel hintereinander im Mehl, in den Eiern und in den Semmelbröseln wenden, bis sie gut umhüllt sind. Wenn das Öl heiß ist, die Auberginenwürfel portionsweise in die Pfanne geben, aber nicht überla-den. Auf allen Seiten je etwa 20 Sekunden goldbraun frittieren, bei Bedarf wenden. Auf Küchenpapier abtropfen lassen.

4. Das Fleisch in möglichst wenigen Stücken vom Knochen lösen. Gegen die Faser in ca. 1 cm dicke Scheiben schneiden. Mit den Auberginenwürfeln auf einem Teller anrichten und den Bratensaft darüber verteilen. Mit roter Zwiebel und Minze garnieren und sofort servieren.

ORZO-

Salat

WENN SIE KEINE ORZO (REISNU-
DELN) FINDEN, SIND PENNE ODER
COUSCOUS EIN GUTER ERSATZ.
LASSEN SIE DEN SALAT EIN BISS-
CHEN IM KÜHLSCHRANK RUHEN,
DANN VERBINDEN SICH DIE ARO-
MEN BESSER.

SALZ UND FRISCH GEMAHLE-
NER SCHWARZER PFEFFER

330 G ORZO (REISNUDELN)

FÜR DIE VINAIGRETTE

15 G GEHACKTE GLATTE
PETERSILIE

3 EL NATIVES OLIVENÖL
EXTRA

2 EL FRISCHER
ZITRONENSAFT

185 G CHERRYTOMATEN,
HALBIERT

1 SALATGURKE
GEWÜRFELT

1 ROTE ZWIEBEL,
GEWÜRFELT

150 G FETA, ZERKRÜMELT

75 G KALAMATA-OLIVEN,
ENTSTEINT

SAFT VON 2 ZITRONEN

125 ML NATIVES OLIVENÖL
EXTRA

1. Salzwasser in einem großen Topf zum Kochen bringen. Orzo zugeben und nach Packungsanweisung al dente kochen. Sorgfältig abgießen und beiseite stellen.

2. Für die Vinaigrette die Petersilie im Mixer zerkleinern. Dabei langsam 3 EL Olivenöl zugeben. Zu einem glatten Püree verarbeiten, bei Bedarf die Maschine hin und wieder anhalten, um die Masse von den Mixerwänden zu schaben. Kurz vor dem Vermischen mit der Pasta mit 2 EL Zitronensaft, Salz und Pfeffer abschmecken und zu einer gleichmäßigen Masse verrühren.

3. Orzo in eine große Schüssel füllen. Vinaigrette zugeben und gründlich vermischen. Tomaten, Gurke, Zwiebel, Feta, Oliven, Zitronensaft und 125 ml Olivenöl zugeben, gut vermischen. Abschmecken und sofort servieren.

OBST SPIELT OFT EINE NEBENROLLE BEI GROSSEN DESSERTS WIE KUCHEN. DRÄNGEN SIE EIN HERRLICHES STÜCK OBST NICHT INS ABSEITS, INDEM SIE ES AUF GEKAUFTE EISCREME PLUMPSEN LASSEN. BESORGEN SIE LIEBER GUTE FEIGEN, MACHEN SIE DIESES DESSERT DARAUS UND ERNENNEN SIE DAS „OLLE OBST" ZUM HAUPTDARSTELLER.

Gegrillte Feigen mit HONIG und PistazienJOGHURT

185 G HONIG

1 EL FRISCHER ZITRONENSAFT

OLIVENÖL ZUM BEPINSELN

12 REIFE BLAUE FEIGEN

60 G GRIECHISCHER JOGHURT

60 G GERÖSTETE PISTAZIEN

1. Honig bei mittlerer Hitze in einer Pfanne erwärmen. Unter Rühren 5–10 Minuten karamellisieren, bis er dunkler wird. Vom Herd nehmen, den Zitronensaft unterrühren und beiseite stellen.

2. Den Holzkohle- oder Gasgrill auf mittlere Hitze aufheizen. Den heißen Grillrost mit einer Grillbürste säubern und mit Olivenöl bepinseln.

3. Die Feigen längs halbieren und die Schnittflächen mit Olivenöl bestreichen. Mit der Schnittfläche auf den Grillrost setzen und 3–5 Minuten grillen, bis sie weich und schöne Grillroststreifen zu sehen sind.

4. Zum Servieren Joghurt auf eine Servierplatte geben und die gegrillten Feigenhälften hineindrücken. Den Honig darüberträufeln und alles mit den Pistazien bestreuen. Sofort servieren.

HALTEN SIE EIN PAAR GUT GEKÜHLTE BIERE IN REICHWEITE – SOWOHL AM OFEN ALS AUCH AN IHREM LIEGESTUHL, IN DEN SIE NACH DEM ESSEN VON EINEM DUTZEND FISCHTACOS FALLEN.

FISCHTACOS mit Tomatillosalsa

8 MAISTORTILLAS

1 KG FRISCHE BUNTBARSCHFILETS (KEINE TIEFKÜHLWARE)

1 EL CHIPOTLE CHILIPULVER

SALZ

3 EL PFLANZENÖL

TOMATILLOSALSA (SEITE 19) ZUM SERVIEREN

LIMETTENSPALTEN ZUM SERVIEREN

1. Den Ofen auf 95 °C vorheizen. Tortillas in ein sauberes Küchentuch wickeln und im Ofen warmhalten.

2. Den Fisch auf beiden Seiten mit Chilipulver und Salz bestreuen. Das Öl in einer großen Pfanne erhitzen. Die Filets in das heiße Öl legen, ohne die Pfanne zu überladen. 2 Minuten braten, dann mit einem breiten Pfannenwender umdrehen und weitere 2 Minuten braten, bis der Fisch glasig ist. An der dicksten Stelle eines Filets mit dem Messer prüfen, ob es durchgegart ist.

3. Den Fisch vom Herd nehmen und in große Stücke teilen. Je 2 warme Tortillas auf 4 Teller verteilen. Den Fisch darauf anrichten, die Salsa darauf verteilen und sofort mit den Limettenspalten servieren.

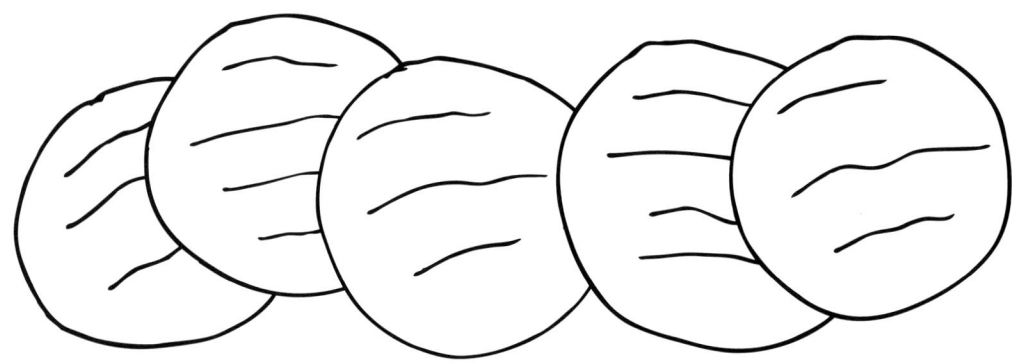

RHETORISCHE FRAGE:
WAS IST BESSER, ALS
DRAUSSEN MIT
FREUNDEN TACOS ZU
ESSEN UND BIER ZU
TRINKEN?
NATÜRLICH NICHTS.

GERÖSTETE Maissuppe

DIESES REZEPT HABEN WIR FRÜHMORGENS GETESTET, DOCH BEVOR ES FERTIG WAR, MUSSTE MAX ZUR ARBEIT. ER SCHICKTE MIR EINE SMS: „WIE IST DIE SUPPE?" ICH ANTWORTETE: „JETZT WEISS ICH, WIE ES IST, AM WEIHNACHTSMORGEN GESCHENKE ZU ÖFFNEN." –ELI

2 REIFE, ABER FESTE TOMATEN

KÖRNER VON 6 MAISKOLBEN (ETWA 560 G)

2 ROTE PAPRIKA

1 ZWIEBEL, GEHACKT

1 ROTE ZWIEBEL, GEHACKT

3 KNOBLAUCHZEHEN, FEIN GEHACKT

625 ML GUTE HÜHNERBRÜHE ODER MEHR NACH BEDARF

1 TL CHIPOTLE CHILIPULVER

SALZ

250 G SAHNE

AVOCADOSCHEIBEN ZUM GARNIEREN

NATIVES OLIVENÖL EXTRA ZUM BETRÄUFELN

PAPRIKAPULVER ZUM GARNIEREN

1. Ofen auf 190 °C vorheizen. Tomaten in eine leicht gefettete Glas-Auflaufform geben und etwa 30 Minuten backen, bis die Haut dunkel wird und die Tomaten zu bräunen beginnen. Aus dem Ofen nehmen und abkühlen lassen. Den Ofen nicht abschalten.

2. Den Mais in einer Schicht auf einem Backblech verteilen und 10–15 Minuten backen, bis er am Rand zu bräunen beginnt. Die Tomaten schälen, wenn sie genug abgekühlt sind, und die Haut wegwerfen. Die Früchte mit dem Saft in der Auflaufform beiseite stellen. Den Mais aus dem Ofen nehmen und zum Abkühlen beiseite stellen.

3. Paprikaschoten unter dem Grill etwa 15 Minuten grillen, bis die Haut schwarz ist und Blasen wirft. In eine Papiertüte geben, gut verschließen und 15 Minuten ruhen lassen. Dann herausnehmen und Haut, Strunk sowie Kerne entfernen.

4. Tomaten, Paprika, Zwiebeln, Knoblauch und Mais in einen Suppentopf geben, eine Handvoll Maiskörner zum Garnieren beiseite stellen. Mit Hühnerbrühe bedecken und aufkochen. Hitze reduzieren und etwa 10 Minuten kochen, bis das Gemüse sehr weich ist. Chilipulver und 2 EL Salz zugeben. Im Mixer pürieren, dabei etwas Sahne einlaufen lassen. In Schälchen verteilen, mit ein paar Avocadoscheiben, einigen Olivenöltröpfchen, etwas Mais und Paprikapulver garnieren und heiß servieren.

DIES IST EINES DER REZEPTE, DIE SIE BALD STÄNDIG MACHEN WERDEN, WEIL ES ZU SO VIELEM PASST. ES IST SUPEREINFACH UND FÜLLT TELLER UND MÄGEN FÜR ERSTAUNLICH WENIG GELD. ÜBERBLEIBSEL SIND EIN TOLLER SANDWICHBESTANDTEIL. AUF SEITE 134 FINDEN SIE WEITERE UNSERER GENIALEN SANDWICH-IDEEN.

Jalapeño-

AUF SEITE 134 FINDEN SIE

KOHL

6-8 PORTIONEN

1 KOPF WEISSKOHL

1 JALAPEÑOCHILI

2 EL WEISSWEINESSIG

SAFT VON 2 ZITRONEN

SAFT VON 2 LIMETTEN

SALZ UND FRISCH GEMAHLENER SCHWARZER PFEFFER

AVOCADOSPALTEN ZUM GARNIEREN (NACH BELIEBEN)

1. Den Kohl vierteln. Jedes Viertel auf eine flache Seite legen und den Strunk herausschneiden. Dann quer in sehr feine Streifen schneiden. Wieder quer halbieren, sodass dünne, ca. 5 cm lange Streifen entstehen. In eine große Schüssel geben.

2. Mit einem Küchenhobel oder einem sehr scharfen Messer die Chili in hauchdünne Streifen schneiden. Chili zusammen mit den Samen in die Schüssel zum Kohl geben.

3. Essig, Zitronen- und Limettensaft, 1 EL Salz und 1 EL Pfeffer zugeben und gut vermischen. Abdecken und 1 Stunde kühl stellen, damit der Salat durchziehen kann. Dann wieder auf Zimmertemperatur bringen und abschmecken. Eventuell mit den Avocados garniert servieren.

EIN CHURRO MACHT EBENSO ZUFRIEDEN WIE EIN DOUGHNUT, ABER VIEL WENIGER ARBEIT. WENN SIE GANZ AUTHENTISCH AUSSEHEN SOLLEN, BENUTZEN SIE EINEN SPRITZBEUTEL MIT STERNTÜLLE. SIE SCHMECKEN ABER AUCH TOLL, WENN SIE DEN TEIG IN EINEN PLASTIKBEUTEL FÜLLEN, EINE ECKE ABSCHNEIDEN UND IHN DIREKT INS ÖL SPRITZEN, ODER EINFACH GANZ FREIE FORMEN MACHEN. –MAX

Zimt-
CHURROS

4-6 PORTIONEN

125 G ZUCKER, PLUS 1 EL

2 EL ZIMT

PFLANZEN- ODER RAPSÖL
ZUM FRITTIEREN

½ PÄCKCHEN (125 G)
BUTTER, GEWÜRFELT

½ TL SALZ

150 G MEHL

4 GROSSE EIER

1. 125 g Zucker und Zimt in einer Schüssel mischen. Auf einen Teller geben und beiseite stellen.

2. Öl etwa 5 cm hoch in einen großen, tiefen Topf geben und auf 180 °C erhitzen (mit einem Frittierthermometer prüfen).

3. Während das Öl erhitzt wird, 250 ml Wasser, Butter, 1 EL Zucker und Salz in einem Topf zum Kochen bringen. Wenn die Butter komplett geschmolzen ist, das ganze Mehl zugeben. Mit einem Holzkochlöffel kräftig schlagen, bis das Mehl komplett eingearbeitet ist und sich eine Kugel formt. Sofort vom Herd nehmen und etwa 2 Minuten abkühlen lassen.

4. Wenn die Mischung leicht abgekühlt ist, die Eier nach und nach unterschlagen, dabei jeweils gut einarbeiten, bevor das nächste Ei zugegeben wird. Den Teig in einen großen Spritzbeutel mit Sterntülle geben. Vorsichtig je 10 cm lange Streifen direkt in das Öl spritzen. Portionsweise 5–7 Minuten frittieren, dabei mit einer Küchenzange alle paar Minuten wenden, bis der Teig auf allen Seiten goldbraun ist. Auf Küchenpapier abtropfen lassen und gleich im Zimtzucker wälzen. Sofort servieren.

WIR BEIDE LIEBEN AUSTERN UND FRITTIERT SCHMECKT ALLES BESSER. DIESES REZEPT SIEHT KOMPLIZIERTER AUS, ALS ES IST. ÜBERRASCHENDERWEISE ÜBERLAGERN DAS FRITTIEREN UND DAS AIOLI NICHT DEN GESCHMACK DER AUSTERN. DIE AROMEN KÖNNEN GUT NEBENEINANDER EXISTIEREN. WIR SERVIEREN DIE HÄPPCHEN ALS APPETIZER. IN GRÖSSERE STÜCKE GESCHNITTEN ERGEBEN DIE BRIOCHES ABER AUCH TOLLE SANDWICHES.

Frittierte AUSTERN-
Häppchen

500 ML BUTTERMILCH

8 FRISCHE, MITTELGROSSE AUSTERN OHNE SCHALE

2 EL BUTTER

2 SCHEIBEN BRIOCHE GEVIERTELT

PFLANZENÖL ZUM FRITTIEREN

150 G MEHL

MEERSALZ

WÜRZIGES AIOLI (SEITE 154)

2 FRÜHLINGSZWIEBELN, NUR DIE WEISSEN UND HELLGRÜNEN TEILE, DIAGONAL IN DÜNNE SCHEIBEN GESCHNITTEN

1. Buttermilch in eine Schüssel geben. Austern hineintauchen, abdecken und kühl stellen.

2. 1 EL der Butter in einer Pfanne bei mittlerer Hitze schmelzen lassen und mit einem Pfannenwender gleichmäßig in der Pfanne verteilen. Die Briochestücke darin etwa 2 Minuten auf einer Seite goldbraun braten, dann mit einer Küchenzange wenden, den restlichen EL Butter zugeben und weitere 2 Minuten auf der anderen Seite goldbraun braten. Auf einen Teller geben und beiseite stellen.

3. Öl ca. 7,5 cm hoch in einen Topf füllen und auf 180 °C erhitzen (mit einem Frittierthermometer prüfen). Hitze reduzieren, um die Temperatur konstant zu halten. Währenddessen das Mehl in eine Schüssel geben. Die Austern mit einem Schaumlöffel aus der Buttermilch heben, etwas abtropfen lassen, in das Mehl geben und darin wälzen. Mit einer Küchenzange aus dem Mehl heben, überschüssiges Mehl abschütteln und vorsichtig in das heiße Öl gleiten lassen. 2–4 Minuten unter gelegentlichem Rühren goldbraun frittieren. Mit einem Schaumlöffel herausnehmen und auf Küchenpapier abtropfen lassen. Noch warm mit Salz bestreuen. Je 1 TL Aioli auf ein Brioche geben, mit Frühlingszwiebeln bestreuen und je 1 Auster darauflegen. Sofort servieren.

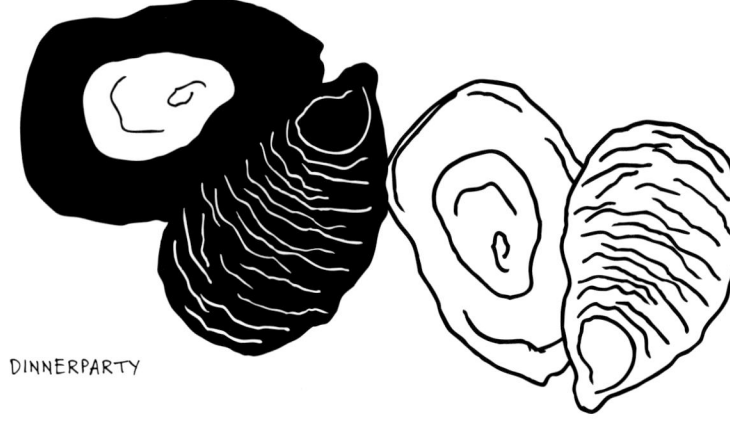

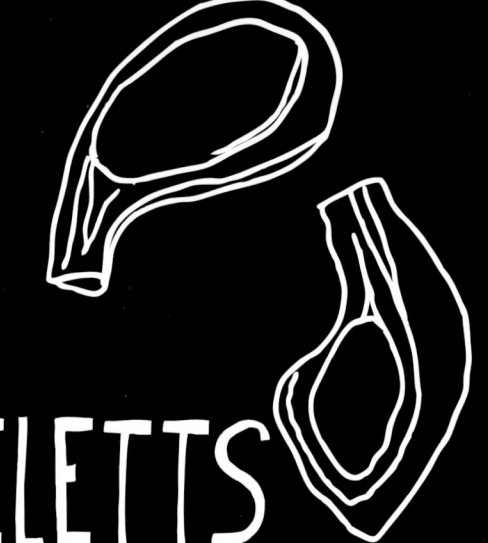

DIESES REZEPT RÄUMT MIT DER VORSTELLUNG AUF, SCHWEINEKOTELETTS SEIEN GESCHMACKSNEUTRALE, ZÄHE FLEISCHSTÜCKE. DIE LAKE IST WICHTIG FÜR DIE AROMAENTWICKLUNG. DIE DICKE DES FLEISCHES ERLAUBT, ES SO ZU GAREN, DASS ES INNEN HERRLICH ROSA UND SAFTIG IST.

SCHWEINEKOTELETTS

 6-8 PORTIONEN ➡ ## mit Apfelchutney

FÜR DIE LAKE

150 G ZUCKER

150 G SALZ

1 FRISCHER THYMIANZWEIG

1 FRISCHER ROSMARINZWEIG

1 TL GANZE SCHWARZE PFEFFERKÖRNER

1 TL KORIANDERSAMEN

EISWÜRFEL

3 DICKE SCHWEINE-KOTELETTS MIT KNOCHEN, 1,8 KG GESAMT

1 EL RAPSÖL

2 EL BUTTER

1 FRISCHER ROSMARINZWEIG

1 FRISCHER THYMIANZWEIG

1 KNOBLAUCHZEHE ZERDRÜCKT

APFELCHUTNEY (SEITE 153) ZUM SERVIEREN

1. Für die Lake 2 l Wasser in einem großen Topf zum Kochen bringen. Zucker und Salz zugeben und unter Rühren auflösen. Die Kräuterzweige, Pfefferkörner und Koriandersamen zugeben und vom Herd nehmen. Etwa 2 kg Eiswürfel zugeben und unter Rühren schmelzen lassen. 2 Stunden kühl stellen, bis die Lake kalt ist.

2. Die Schweinekoteletts in die Lake geben und mithilfe von Tellern oder schweren Konservendosen hineindrücken. 24 Stunden im Kühlschrank stehen lassen. Dann herausnehmen und mit Küchenpapier trocken tupfen. 1 Stunde vor dem Braten auf Zimmertemperatur bringen (dadurch werden die Koteletts gleichmäßig durchgegart).

3. Das Öl erhitzen. Die Koteletts auf einer Seite etwa 4 Minuten scharf anbraten. Butter zugeben, die Hitze reduzieren und die Butter schmelzen lassen. Die Koteletts mithilfe eines langen Löffels 5 Minuten stetig mit der Butter begießen, dabei die Pfanne bei Bedarf neigen und die Koteletts alle 2 Minuten mit Küchenzangen wenden. Zum Aromatisieren während der letzten 2 oder 3 Minuten die Kräuterzweige und den Knoblauch zugeben. So lange braten, bis ein in die dickste Stelle gestochenes Bratenthermometer 52 °C anzeigt. Koteletts auf einen Teller legen, locker mit Alufolie abdecken und 10 Minuten ruhen lassen.

4. Zum Servieren das Fleisch in dicken Scheiben vom Knochen lösen. Auf flachen Tellern anrichten, den Saft vom Teller in die Sauce aus der Pfanne rühren und darüberträufeln, etwas Chutney auf oder neben das Fleisch geben und sofort servieren.

ELIS TIPP:
BEREITEN SIE SICH MIT REICHLICH ERFUNDENEN GESCHICHTEN AUF EINE DINNERPARTY VOR.

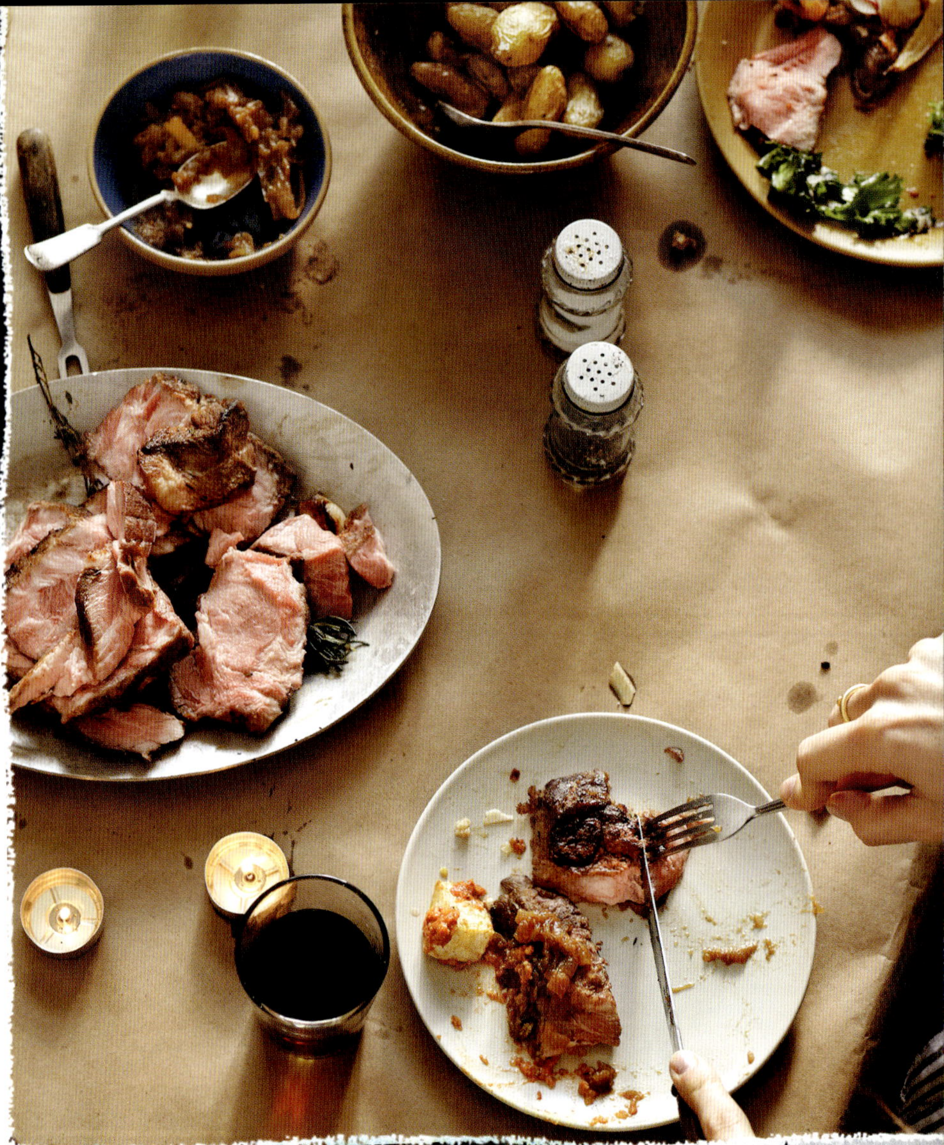

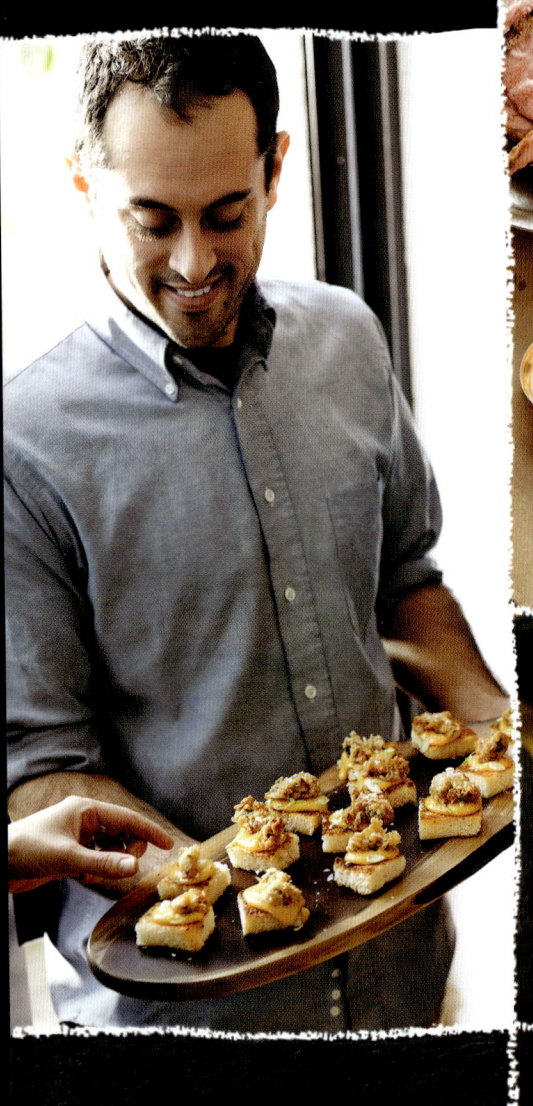

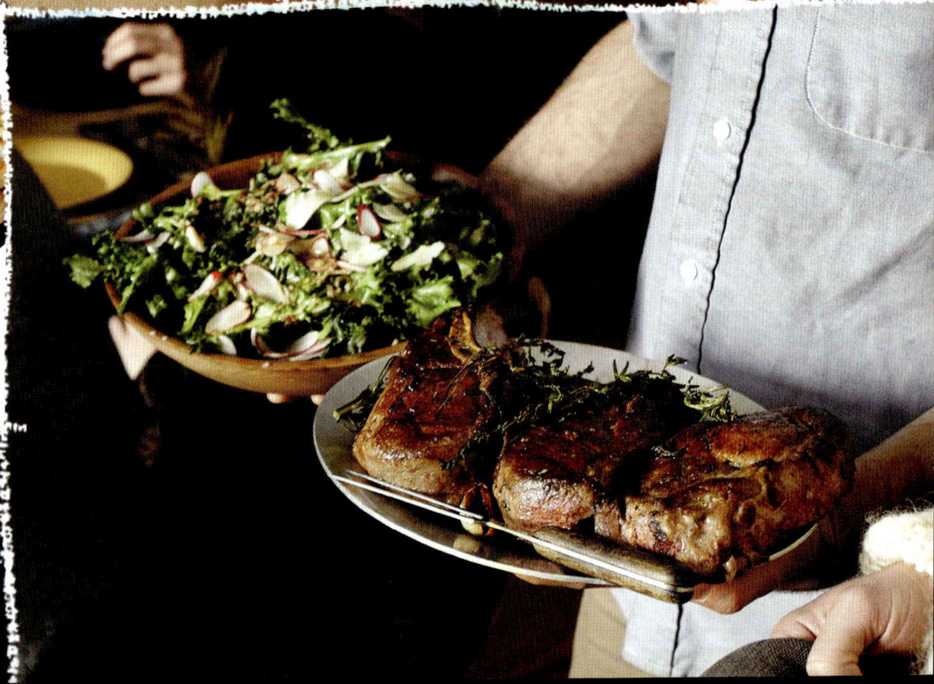

HIER UNSERE VARIATION DER KLASSISCHEN ITALIENISCHEN BAGNA CAUDA, EINEM WARMEN DIP FÜR GEMÜSE, ÄHNLICH DEM FONDUE. WIR BENUTZEN DIE SAUCE NICHT ZUM DIPPEN, SONDERN ALS SALATKOMPONENTE, INDEM WIR SIE ZUR VINAIGRETTE UMFUNKTIONIEREN.

4 PORTIONEN →

ENDIVIENSALAT
mit Warmer Sardellen-vinaigrette

1 GROSSER KOPF ENDIVIEN-SALAT IN BLÄTTER GETEILT

4 MILDE RADIESCHEN GEPUTZT UND IN DÜNNE SCHEIBEN GESCHNITTEN

6 EL (90 ML) NATIVES OLIVENÖL EXTRA

60 G SARDELLENFILETS AUS DER DOSE

1 KNOBLAUCHZEHE, FEIN GEHACKT

½ TL CHILIFLOCKEN

3 EL FRISCHER ZITRONENSAFT

PARMESANSPÄNE ZUM GARNIEREN

1. Endiviensalat auf einem Teller arrangieren und die Radieschen darüber verteilen.

2. 3 EL Olivenöl in einer Pfanne erhitzen. Sardellen darin bei mittlerer Hitze 3–5 Minuten braten, bis sie zerfallen. Knoblauch zugeben und eine weitere Minute goldbraun braten. Chiliflocken und Zitronensaft unterrühren und vom Herd nehmen.

3. Den Pfanneninhalt sofort in einen Mixer geben, die restlichen 3 EL Olivenöl zugeben und pürieren. Die warme Sardellenvinaigrette darübergießen und die Parmesanspäne darauf verteilen. Sofort servieren.

WENN WIR DIESE ROMESCOSAUCE ZUBEREITET HABEN, KOMMT SIE AUF EIER-, GRILLKÄSE- UND TRUTHAHN-SANDWICHES. WIR FINDEN IMMER EINE AUSREDE, UM IRGENDWELCHES ZEUGS UNTER DIESER UNGLAUBLICH LECKEREN ROMESCO ZU VERSTECKEN. –MAX

4 PORTIONEN

GERÖSTETES WURZELGEMÜSE
mit Romescosauce

FÜR DIE ROMESCOSAUCE

90 G MANDELN

6 EIERTOMATEN

2 ROTE PAPRIKA

1 ZWIEBEL, IN CA. 1 CM DICKE RINGE GESCHNITTEN

3 KNOBLAUCHZEHEN

2 EL OLIVENÖL

SALZ

2 EL SHERRYESSIG

2 TL GERÄUCHERTER PAPRIKA

¼ TL CAYENNEPFEFFER

2 KG GEMISCHTES WURZELGEMÜSE WIE KAROTTEN, PASTINAKEN, KNOLLENSELLERIE UND SÜSSKARTOFFELN, GESCHÄLT UND IN 4 CM GROSSE STÜCKE GESCHNITTEN

2 EL OLIVENÖL

1. Für die Romesco Ofen auf 190 °C vorheizen. Mandeln auf einem großen, schweren Backblech verteilen und etwa 10 Minuten rösten, bis sie zu duften beginnen und etwas dunkler werden, dabei ein- bis zweimal wenden. Sofort aus dem Ofen nehmen und zum Abkühlen auf einen Teller geben, denn Nüsse verbrennen leicht. Den Ofen nicht abstellen.

2. Tomaten, Paprika, Zwiebelringe und Knoblauchzehen mit 2 EL Olivenöl und 1 TL Salz mischen. 15–30 Minuten rösten, bis das Gemüse weich und gut angeschmort ist. Das gegarte Gemüse in eine Schüssel geben. Zwiebeln und Knoblauch sind als Erstes fertig, dann die Paprika und anschließend die Tomaten.

3. Sobald alle Romesco-Gemüse fertig sind, in einen Mixer geben, Essig, Paprika und Cayennepfeffer zugeben und pürieren. Abschmecken und die Romesco beiseite stellen.

4. Das Backblech säubern, das Wurzelgemüse darauf verteilen und mit 2 EL Olivenöl und 1 TL Salz vermischen. In einer Schicht auf dem Backblech verteilen und 40 Minuten rösten, bis das Gemüse weich und etwas gebräunt ist. Auf einem Servierteller anrichten und die Sauce darübergießen. Sofort servieren.

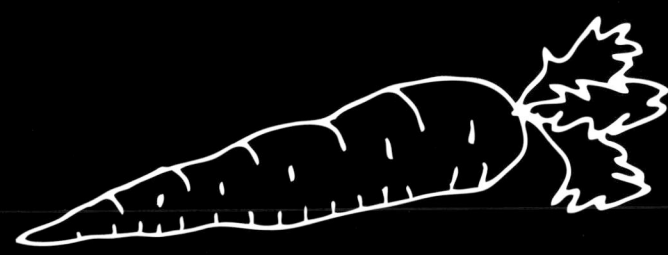

FREIE FORMEN SIND GUT, UND ZWAR DESHALB: SIE MÜSSEN NICHTS IN EINE BACKFORM GEBEN UND ES MUSS NICHT PERFEKT SEIN. WIR HABEN DEN PERFEKTIONISMUS HINTER UNS GELASSEN. WEN KÜMMERT'S? DIESER LOOK IST VIEL INTERESSANTER, NATÜRLICHER UND TOTAL EINFACH. BIRNE UND INGWER BILDEN GESCHMACKLICH EIN KLASSE TEAM.

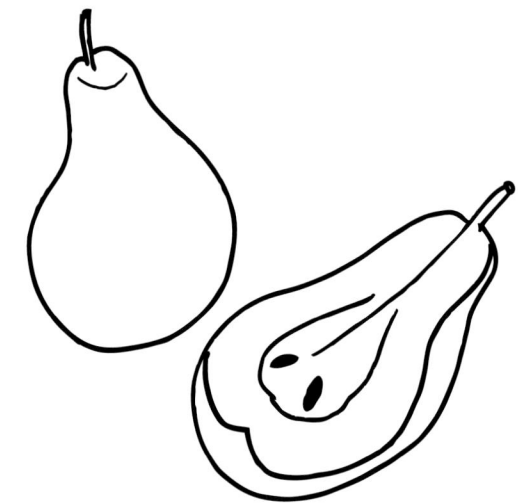

4-6 PORTIONEN ➤

BIRNENtarte

FÜR DEN TEIG

390 G MEHL

60 G KRISTALLZUCKER

1 PRISE SALZ

1 PÄCKCHEN (250 G) KALTE BUTTER, KLEIN GEWÜRFELT

2 GROSSE EIGELBE

60 ML EISWASSER, PLUS ETWAS MEHR, FALLS NÖTIG

FÜR DIE FÜLLUNG

2 BIRNEN, GESCHÄLT, IN SCHEIBEN GESCHNITTEN

60 G KRISTALLZUCKER

5 GROSSE STÜCKE KANDIERTER INGWER, GEWÜRFELT

2 EL BRAUNER ZUCKER

1 EL ZIMT

¼ TL SALZ

1. Für den Teig Mehl, Kristallzucker und Salz in der Küchenmaschine vermischen. Butter zugeben und mit dem Momentschalter etwa 20 Sekunden mixen, bis die Mischung wie grobes Schrot aussieht. Die Eigelbe in einer anderen Schüssel leicht verrühren, dann das Eiswasser damit verquirlen. Die Küchenmaschine wieder anschalten und die Eiermischung langsam einlaufen lassen. Die Maschine nur so lange laufen lassen, bis alles verrührt ist – nicht länger als 30 Sekunden. Wenn der Teig noch immer krümelig ist, 1 TL oder mehr Eiswasser zugeben. Den Teig aus der Maschine nehmen und in Frischhaltefolie wickeln. Im Kühlschrank mindestens 2 und bis zu 24 Stunden ruhen lassen.

2. Ofen auf 190 °C vorheizen. Für die Füllung Birnen, Kristallzucker, kandierten Ingwer, braunen Zucker, Zimt und Salz gut vermischen.

3. Den Teig aus der Folie wickeln und auf eine leicht bemehlte Arbeitsfläche legen. Auf eine Dicke von etwa ½ cm ausrollen. Mit einer Backform als Schablone einen Kreis mit etwa 25 cm Durchmesser ausschneiden. Auf ein bemehltes oder mit Backpapier ausgelegtes Blech legen. Die Füllung in die Mitte geben und zu den Rändern hin ausbreiten, dabei einen etwa 3,5 cm breiten Rand lassen. Etwa 2 cm des Rands nach innen falten, dabei mit der am nächsten gelegenen Stelle anfangen und die Füllung nur zum Teil bedecken. Schritt für Schritt den gesamten Rand auf diese Weise falten, dabei den Teig im Uhrzeigersinn drehen. In der Mitte sollte eine Öffnung von etwa 15 cm im Durchmesser bleiben.

4. Die Tarte etwa 20 Minuten goldbraun backen. 10 Minuten abkühlen lassen, dann in Tortenstücke schneiden und servieren.

4 PORTIONEN

HähnchenSCHNITZEL

4 HÄHNCHENBRUSTHÄLFTEN
OHNE HAUT UND KNOCHEN
(À 185 G)

1 PACKUNG (140 G) KARTOF-
FELCHIPS MIT SALZ UND
ESSIG GEWÜRZT

250 G SEMMELBRÖSEL

300 G MEHL

4 GROSSE EIER

SALZ

RAPS- ODER TRAUBEN-
KERNÖL ZUM FRITTIEREN

1 EL BUTTER

THYMIANSPÄTZLE
(SEITE 153) ZUM SERVIEREN

1. Eine Hähnchenbrusthälfte in Frischhaltefolie wickeln und auf der Arbeitsfläche mit einem Nudelholz oder einer kleinen schweren Pfanne auf eine
Dicke von etwa ½ cm klopfen. Mit den anderen Hähnchenbrüsten ebenso
verfahren.

2. Kartoffelchips und Semmelbrösel in einer Küchenmaschine mit dem
Momentschalter mixen, bis sie fein gemahlen und gut vermischt sind.
Auf einen großen Teller geben. Die Eier in einer großen, weiten Schüs-
sel mit einer Prise Salz verquirlen.

3. Ein Hähnchenstück zuerst im Mehl, dann in den Eiern wenden und
anschließend beidseitig in die Bröselmischung drücken, bis das Fleisch
gut umhüllt ist. Auf ein Backblech legen und mit dem übrigen Fleisch ebenso
verfahren.

4. 2 große Pfannen etwa ½ cm hoch mit Öl füllen und erhitzen. Bei mittlerer Hitze je 2 panierte Hähnchenstücke in jede Pfanne geben. Auf
einer Seite etwa 4 Minuten goldbraun braten, dann ½ EL Butter
in jede Pfanne geben, durch Schwenken
verteilen und die Hühnerbrüste wenden.
Noch etwas Öl hinzufügen, falls nötig.
4 weitere Minuten goldbraun und innen
gar braten. Sofort mit den Spätzle
servieren.

Geschmorter Rotkohl mit KAROTTEN und SPECK

4-6 PORTIONEN

DER MÜTTERLICHE STOSSSEUFZER „ICH TUE ALLES, UM MEINEM KIND GEMÜSE SCHMACKHAFT ZU MACHEN" HAT UNS INSPIRIERT. SPECK VERLEITET DIE HARTNÄCKIGSTEN GEMÜSEHASSER DAZU, DAS EINE HÄPPCHEN ZU PROBIEREN, DAS SIE ÜBERZEUGEN WIRD.

250 G FRÜHSTÜCKSSPECK IN SCHEIBEN

1 ZWIEBEL HALBIERT UND IN DÜNNE RINGE GESCHNITTEN

½ KOPF ROTKOHL, GEVIERTELT, STRUNK ENTFERNT, LÄNGS IN DÜNNE STREIFEN GESCHNITTEN

3 KAROTTEN, GERASPELT

500 ML TROCKENER WEISSWEIN

3 EL WEISSWEINESSIG

3 WACHOLDERBEEREN, ZERDRÜCKT

1 LORBEERBLATT

SALZ

1 EL BRAUNER ZUCKER

2 EL BUTTER

1. Den Speck in einer großen Pfanne bei mittlerer Hitze 10–15 Minuten knusprig braten, dabei häufig wenden, damit er gleichmäßig gart und viel Fett freisetzt. Mit einer Küchenzange auf Küchenpapier legen und abtropfen lassen. Speck zerbröseln und beiseite stellen.

2. Das Fett bis auf 2 EL aus der Pfanne gießen. Zwiebel zugeben und bei mittlerer Hitze etwa 10 Minuten weich und hellgolden braten. Kohl, Karotten, Wein, Essig, Wacholderbeeren, Lorbeerblatt und Salz zugeben und verrühren. Die Pfanne ist vielleicht jetzt sehr voll, aber keine Sorge, der Kohl schrumpft stark und macht Platz zum Umrühren. Hitze erhöhen und Pfanneninhalt zum Kochen bringen. Hitze wieder reduzieren und leise köcheln lassen. Den braunen Zucker einrühren.

3. Etwa 45 Minuten zugedeckt köcheln lassen, bis die meiste Flüssigkeit verdunstet und das Gemüse weich ist. Lorbeerblatt wegwerfen. Mit Salz abschmecken. Butter zugeben und schmelzen lassen, gut verrühren. (Sie vollendet das Gericht, indem sie die Aromen verbindet und einen hübschen Glanz gibt.) In eine Servierschüssel geben, mit dem knusprigen Speck garnieren und sofort servieren.

DIESER KÜHLE, ERFRISCHENDE SALAT PASST PERFEKT ZUM WÜRZIGEN, KNUSPRIGEN SCHNITZEL. WENN ETWAS ÜBRIG BLEIBT, SERVIEREN SIE ES AM NÄCHSTEN MORGEN ALS FRÜHSTÜCKSSALAT MIT TOMATEN UND FETA.

Gurken-SALAT

4 PORTIONEN

2 GROSSE SALATGURKEN GESCHÄLT

1 GROSSE ROTE ZWIEBEL GESCHÄLT

7 G GEHACKTER FRISCHER DILL

60 ML FRISCHER ZITRONENSAFT, PLUS MEHR NACH BEDARF

60 ML NATIVES OLIVENÖL EXTRA

SALZ UND FRISCH GEMAHLENER SCHWARZER PFEFFER

1. Die Gurken mit einem Küchenhobel oder einem scharfen Kochmesser in sehr dünne Scheiben schneiden. Sie sollten so dünn wie eine Kreditkarte sein, aber noch nicht durchscheinend. In eine große Schüssel geben.

2. Die Zwiebel durch das Wurzelende halbieren. Mit der Schnittfläche nach unten auf den Küchenhobel legen und in hauchdünne Scheiben hobeln oder mit dem Kochmesser hauchdünn schneiden. Sie sollten durchscheinend sein. Mit den Gurken vermengen, Dill zugeben und gut verrühren.

3. In einer kleinen Schüssel oder einem Glasmessbecher Zitronensaft, Olivenöl, Salz und Pfeffer mischen. Abschmecken; man sollte den Zitronensaft durchschmecken. Wenn das Öl dominant ist, noch 1–2 EL Zitronensaft zugeben und wieder abschmecken.

4. Das Dressing auf die Gurken geben und gut vermischen. Mindestens 30 Minuten und bis zu 2 Stunden kühl stellen. Vor dem Servieren nochmals abschmecken. Mit einem Schaumlöffel servieren, damit der Salat abtropfen kann.

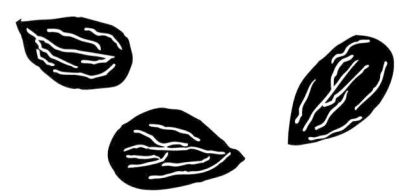

ES SAH SO AUS, ALS HÄTTEN WIR EINEN JAHRESVORRAT
AN MANDELN. WEDER MAX NOCH ICH KONNTEN UNS DARAN
ERINNERN, SIE GEKAUFT ZU HABEN. (MANCHMAL HABEN WIR
IM LEBENSMITTELLADEN EINEN BLACKOUT.) EIN PAAR TAGE
SPÄTER MUSSTEN WIR EIN DESSERTREZEPT SCHREIBEN –
„KLASSE, MANN, LASS UNS DIE MANDELN VERBRATEN". ALSO
MACHTEN WIR MANDELKEKSE. UND ASSEN SIE ALLE AUF,
NOCH BEVOR SIE AUFS GITTER ZUM ABKÜHLEN KAMEN. NEE,
BETRUNKEN WAREN WIR NICHT. NUR FETT. –ELI

 ERGIBT 20 KEKSE

MANDELkekse

185 G GANZE MANDELN, PLUS
MANDELBLÄTTCHEN ZUM
GARNIEREN

250 G ZUCKER

½ PÄCKCHEN (125 G)
BUTTER, GESCHMOLZEN

1 GROSSES EI

125 G MEHL

1 TL VANILLEEXTRAKT

1. Ofen auf 190 °C vorheizen. Mandeln in der Küchenmaschine 15–20 Sekunden grob mahlen. Dann die Maschine stoppen und mit dem Momentschalter vorsichtig sehr fein mahlen. Dabei aufpassen, dass keine Paste entsteht. Beiseite stellen.

2. Zucker und geschmolzene Butter in einer großen Schüssel gründlich vermischen. Eier darunterschlagen, dann Mehl und gemahlene Mandeln unterrühren. Vanilleextrakt zugeben.

3. 1 EL Teig abnehmen, zwischen den Handflächen zu einer Kugel rollen und zu einem runden Keks formen. Auf ein bemehltes Backblech legen. Mit dem übrigen Teig ebenso verfahren, die Kekse im Abstand von 5 cm auf dem Blech oder, wenn nötig, auf 2 Blechen verteilen.

4. Je 3 Mandelblättchen leicht geneigt in die Mitte jedes Kekses stecken. 9–10 Minuten goldbraun backen. Aus dem Ofen nehmen und auf einem Backrost abkühlen lassen.

OH, IHR SEID NOCH WACH? WIR HABEN GAR NICHTS VOR. YEAH, DANN MACHEN WIR EIN PAAR SNACKS.

Mitternachtssnacks

Dünn geschnittene Pommes für einen 124

Gebratener Reis 126

Kraut-und-Rüben-Pasta 127

Projekt: Popcorn 128

Bauernmarkt-Frittata 130

Spiegelei-Sandwich 133

Was gibt's? Projekt: Sandwiches 134

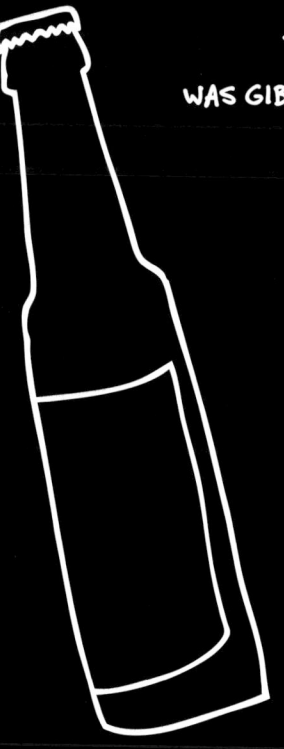

ICH LIEBE ES, HEIMZUKOMMEN, DIE MUSIK AUFZUDREHEN, MIR ETWAS ZU TRINKEN ZU NEHMEN UND EIN HACKFLEISCHSANDWICH MIT EINEM BERG DIESER FRITTEN ZU MACHEN. WEIL SIE NICHT FRITTIERT WERDEN, SIND SIE KEIN ZU MÄCHTIGER MITTERNACHTSSNACK. UND WEIL SIE SO DÜNN SIND, WERDEN SIE KNUSPRIG – HALB WIE CHIPS, HALB WIE POMMES FRITES. WIE MEIN BESTER FREUND SAGT, KOMMT ES AUF DIE SAUCEN AN: BARBECUE, KETCHUP, HONIGSENF, RANCH UND SRIRACHA-MAYO. –ELI

1 PORTION

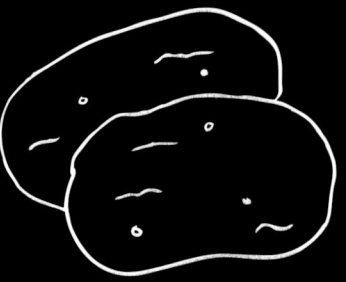

Dünn geschnittene Pommes FÜR EINEN

1 KARTOFFEL, AM BESTEN MEHLIG KOCHEND

OLIVENÖL FÜR DAS BLECH

GROBES SALZ UND FRISCH GEMAHLENER SCHWARZER PFEFFER

CHILIPULVER (NACH BELIEBEN)

BARBECUESAUCE, KETCHUP, HONIGSENF, RANCH-DRESSING UND/ODER SRIRACHA-MAYO (SRIRACHA UND MAYONNAISE MISCHEN) ZUM SERVIEREN

1. Den Grill vorheizen.

2. Die Kartoffel längs vierteln und jedes Stück mit der größten Fläche nach unten auf ein Schneidbrett legen. Mit einem scharfen Kochmesser längs in sehr dünne Scheiben schneiden, so dünn wie eine Kreditkarte, aber noch nicht durchscheinend.

3. Ein Backblech mithilfe von Küchenpapier mit Olivenöl fetten. Die Kartoffelstücke so darauf verteilen, dass sie nicht übereinanderliegen. Mit Salz und Pfeffer bestreuen, wer es schärfer mag, auch noch mit Chilipulver.

4. 7–10 Minuten unter dem Grill backen, bis sie zu bräunen beginnen. Nach 10 Minuten aus dem Ofen nehmen. Mit einer Küchenzange die Fritten einzeln an den Enden fassen und umdrehen. Es kann sein, dass einzelne aufreißen oder kleben bleiben. Machen Sie sich keine Gedanken – das passiert eben. Wenn alle Fritten umgedreht sind, wieder unter den Grill schieben und weitere 1–2 Minuten bräunen. Dabei aufpassen, dass sie nicht verbrennen. Aus dem Ofen nehmen, mit etwas Salz bestreuen und mit den Saucen genießen.

ASIATISCHES ESSEN IST GÖTTLICH FÜR MITTERNACHTS-
SNACKS: SALZIG, SÜSS UND SÄTTIGEND. UNABHÄNGIG VON DER
EWIGEN DISKUSSION, OB ALKOHOL DAMIT AUFGESAUGT UND SO
EINEM KATER VORGEBAUT WERDEN KANN, FINDET JEDER REIS
MIT EIERN UND GEMÜSE KÖSTLICH. ETWAS PFANNENGERÜHR-
TES HAT FAST JEDER DRAUF. DIESER GEBRATENE REIS IST
GENAUSO EINFACH, ABER VIEL LECKERER.

Gebratener REIS

3 GROSSE EIER

5 EL (80 ML) PFLANZENÖL

1 KAROTTE, GEWÜRFELT

150 G TK-ERBSEN,
AUFGETAUT

300 G GEDÄMPFTER REIS
(NACH PACKUNGSANLEITUNG
ZUBEREITET UND ABGE-
KÜHLT)

2 EL SOJASAUCE, PLUS
ETWAS MEHR NACH BEDARF

IN DÜNNE SCHEIBEN
GESCHNITTENE FRÜHLINGS-
ZWIEBELN ZUM GARNIEREN

1. Eier in einer kleinen Schüssel verquirlen. 1 EL Öl in einer mittelgroßen Pfanne erhitzen. Eier zugeben und bei mittlerer Hitze unter Rühren braten, bis sie gegart, aber noch feucht sind. Dabei den Ansatz vom Pfannenboden kratzen und die Pfanne kippen, um die Eier gleichmäßig durchzugaren. In eine Schüssel füllen und beiseite stellen.

2. In einer großen Pfanne oder einem Wok 2 EL Öl erhitzen. Karotten und Erbsen zugeben und bei mittlerer Hitze etwa 3 Minuten braten, bis sie weich und teilweise gebräunt sind. In eine Schüssel füllen und beiseite stellen.

3. In derselben Pfanne die restlichen 2 EL Öl erhitzen. Reis hineingeben, in der Pfanne verteilen und 2 Minuten nicht umrühren. Mit einem breiten oder 2 Pfannenwendern den Reis so gut wie möglich wenden. Dann mit einem Holzkochlöffel 2 weitere Minuten rühren. Er soll leicht knusprig werden.

4. Eier und Gemüse zugeben und gut verrühren. 30 Sekunden durchwär-men. 2 EL Sojasauce zugeben, abschmecken und – wenn es noch nicht lecker genug ist – esslöffelweise noch etwas mehr Sojasauce zugeben. Auf Teller oder in Schälchen verteilen und mit den Frühlingszwiebeln garnie-ren, sofort servieren.

SIE KENNEN BESTIMMT DIE WERBUNG FÜR ALL DIESES MIKROWELLENPASTA-
ZEUG IM BEUTEL. WISSEN SIE, WONACH ES SCHMECKT? NACH FAULHEIT UND
SCHANDE. WIR HOFFEN SEHR, DASS SIE SICH SELBST GENUG SCHÄTZEN, UM
DAS NICHT IN IHREN KÖRPER ZU SCHAUFELN, AUCH SPÄTABENDS NICHT. MACHEN
SIE LIEBER DIESES GERICHT. MACHEN SIE ETWAS MEHR UND WÄRMEN SIE ES
AM NÄCHSTEN TAG IN DER ARBEIT AUF; ETWAS FRISCHEN PARMESAN DRÜBER
UND DER NEID DER KOLLEGEN IST IHNEN SICHER. (WENN SIE NOCH FLEISCH-
KLOPSE VON SEITE 43 ÜBRIG HABEN, VERWENDEN SIE SIE HIER.)

Kraut-und-Rüben- PASTA

2 PORTIONEN ➡️

SALZ UND FRISCH GEMAHLE-
NER SCHWARZER PFEFFER

3 EL OLIVENÖL

1 KNOBLAUCHZEHE,
GEHACKT

375 G GEWÜRFELTES
GEMÜSE WIE ZUCCHINI,
PILZE, TOMATEN, ZWIEBELN,
PAPRIKA,
BROKKOLI, UND/ODER
ZUCKERSCHOTEN

1 EL BUTTER

1 PRISE OREGANO ODER
THYMIAN (NACH BELIEBEN)

125-220 G GETROCKNETE
PASTA, FORM NACH BELIEBEN

FRISCH GERIEBENER
PARMESAN ZUM SERVIEREN

1. Salzwasser in einem großen Topf zum Kochen bringen.

2. Olivenöl in einer Pfanne erhitzen. Knoblauch zugeben und bei mittlerer Hitze 1 Minute sautieren. Gemüse zugeben und weitere 5 Minuten braten, bis es weich ist und zu bräunen beginnt.

3. Butter zugeben und zerlassen, dann gut verrühren. Mit Salz und Pfeffer abschmecken, nach Belieben etwas Oregano zugeben.

4. Pasta nach Packungsanweisung al dente kochen. Gut abgießen, Pasta wieder in den Topf geben und Gemüse zugeben. Gründlich vermischen.

5. Pasta und Gemüse auf Teller verteilen und sofort mit viel Parmesan servieren.

POP PPPOP POP. POP!

In L.A. hatte ich eine popcornsüchtige Mitbewohnerin. Über ein Jahr lang verging kein Tag, an dem ich sie nicht Popcorn essen sah. Wie könnte man ihr das vorwerfen? Wie Sie gleich sehen werden, ist Popcorn wie eine jungfräuliche Leinwand für alle möglichen Zutaten. Im Popcornmachen war sie zu jeder Tageszeit Meisterin, Popcorn war Beilage, Snack und Dessert. Es war für sie ein Trostessen, eine starke Schulter, an der sie sich nach einem harten Tag ausheulen konnte. Popcorn war immer da, wenn sie es brauchte, und anders als ihr Mitbewohner rollte es nicht mit den Augen oder prophezeite ihr, niemals den Mann fürs Leben zu finden. Mit diesen verschiedenen Aromavarianten wird Popcorn vielleicht auch Ihr bester Freund. Popcorn ist echt billig, geht unglaublich schnell und kann einfach jeden Geschmack annehmen – ob süß, pikant oder sauer. Egal, ob Sie eine oder 20 Personen füttern müssen – es gibt nichts Besseres als Popcorn mit Wasauchimmer aus dem Kühlschrank oder dem Küchenregal oben drauf. Mit Salz und Butter kann man nichts falsch machen, das kennt jeder. Aber es gibt noch einiges mehr. –Eli

Tipp Für die armen Studenten (oder armen Ex-Studenten) unter Ihnen, die auf der Suche nach einem selbst gemachten, persönlichen Geschenk sind: Eine auf dem Flohmarkt gekaufte, schöne Holz- oder Blechschachtel, gründlich gesäubert und mit Butterbrotpapier ausgelegt und mit selbst gemachtem Popcorn gefüllt ist die Lösung. Das ist persönlich, essbar und sieht so aus, als hätten Sie eine Menge Zeit reingesteckt. Niemand ahnt, dass es weniger als eine Kinokarte gekostet hat.

Popcorn Grundrezept

1-2 PORTIONEN

1 EL RAPSÖL

90 G MAISKÖRNER FÜR POPCORN

1. Öl in eine Pfanne mit einem gut schließenden Deckel füllen und das Popcorn nach Packungsanweisung poppen oder Mikrowellen-Popcorn in einer Mikrowelle poppen. Das Popcorn in eine große Schüssel füllen.

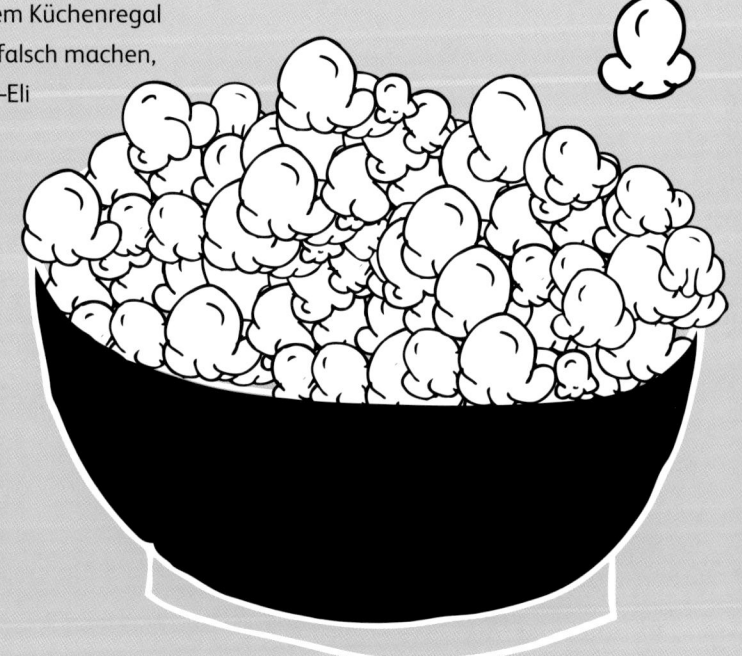

HIPPIE-Popcorn

2 EL BUTTER, ZERLASSEN

1 SCHÜSSEL POPCORN (SEITE 128)

20 G HEFEFLOCKEN

2–3 EL SOJASAUCE

1 EL KNOBLAUCHGRANULAT

1. 1 EL der Butter über das Popcorn träufeln und vermischen. Den restlichen EL Butter zugeben, wieder vermischen. Hefeflocken, Sojasauce und Knoblauchgranulat darüberstreuen und wieder gut vermischen. Abschmecken, nach Bedarf noch Sojasauce zugeben. Sofort essen.

WÜRZIGES Chili-Zitrus-Popcorn

SAFT VON 1 ZITRONE UND 1 LIMETTE

1 SCHÜSSEL POPCORN (SEITE 128)

¼ TL CHILIPULVER

1 EL KNOBLAUCHGRANULAT

1. Zitronen- und Limettensaft in einer kleinen Schüssel mischen. Über das Popcorn träufeln und gut vermischen.

2. Chilipulver und Knoblauchgranulat darüberstreuen, gut vermischen und sofort essen.

APFEL-ZIMT-Popcorn

1 APFEL, FEIN GEWÜRFELT

1 EL BUTTER, ZERLASSEN

1 SCHÜSSEL POPCORN (SEITE 128)

2 EL ZIMT

1 EL ZUCKER

1. Apfel und zerlassene Butter zum Popcorn geben und gut vermischen. Zimt und Zucker darüberstreuen und gut vermischen. Sofort essen.

WANDERmischung mit Popcorn

2 EL BUTTER, ZERLASSEN

1 SCHÜSSEL POPCORN (SEITE 128)

60 G GETROCKNETE CRANBERRYS

75 G GESALZENE ERDNÜSSE

45 G SCHOKOLADENSTÜCKCHEN

2 EL AHORNSIRUP

1. Die zerlassene Butter über das Popcorn träufeln und vermischen. Cranberrys, Nüsse und Schokostückchen zugeben und vermischen.

2. Ahornsirup darüberträufeln und wieder gut vermischen. Sofort essen.

FRÜHSTÜCK BEI NACHT VERSTÖRT MICH UNERKLÄRLICHERWEISE KOMPLETT. SIE KÖNNEN MICH ZU JEDER TAGES- UND NACHTZEIT WECKEN UND ICH VERPUTZE VOLLER FREUDE EIN TRUTHAHNSAND- WICH, ABER ICH KÖNNTE MICH NIE AN PFANNKUCHEN ALS ABEND- ESSEN GEWÖHNEN. UNABHÄNGIG VON MEINEN PERSÖNLICHEN VORLIEBEN HABE ICH AUS VERLÄSSLICHEN QUELLEN ERFAHREN, DASS NÄCHTLICHES FRÜHSTÜCKEN HIP IST. ALSO, UM IHNEN DAS ZU GEBEN, WAS SIE WOLLEN: HIER EINE MITTERNACHTS-FRITTATA. —ELI

4-6 PORTIONEN

Bauernmarkt-Frittata

4 GROSSE EIER

60 ML VOLLMILCH

SALZ UND FRISCH GEMAHLE-
NER SCHWARZER PFEFFER

2 EL OLIVENÖL

125 G GEHACKTES FRISCHES
GEMÜSE DER SAISON WIE
TOMATEN, PAPRIKA, SPARGEL,
ZWIEBELN, AUBERGINEN IN
BELIEBIGER KOMBINATION

4 STREIFEN FRÜHSTÜCKS-
SPECK (90 G), GEKOCHTER
SCHINKEN ODER PANCETTA,
KLEIN GESCHNITTEN

60 G FRISCH GERIEBENER
PARMESAN

1 EL GEHACKTE GLATTE
PETERSILIE
(NACH BELIEBEN)

1. Den Grill vorheizen.

2. Eier, Milch, 1 TL Salz und ½ TL Pfeffer in einer Schüssel verquirlen. Olivenöl in einer ofenfesten Pfanne erhitzen. Wenn das Öl heiß ist, das Gemüse bei mittlerer Hitze etwa 3 Minuten darin braten, bis es weich ist und zu bräunen beginnt. In eine Schüssel füllen und beiseite stellen.

3. In derselben Pfanne den Frühstücksspeck bei mittlerer Hitze etwa 5 Minuten knusprig braten, gekochter Schinken braucht nur 2 Minuten. Das Gemüse dazugeben und in einer Lage ausbreiten. Die Eiermischung gleichmäßig hineingießen und etwa 5 Minuten ohne Rühren stocken lassen.

4. Die Pfanne unter den Grill stellen und etwa 3 Minuten goldbraun grillen. Herausnehmen und den Parmesan darüberstreuen, dann eine weitere Minute grillen, bis der Käse schmilzt. Petersilie nach Belieben darüberstreuen, in Stücke schneiden oder direkt in der Pfanne servieren.

GIBT ES ETWAS BESSERES ALS DIE EINFACHHEIT DIESES SAND-
WICHES? ES TUT GUT, IST NICHT SCHWER ZUZUBEREITEN UND MAN
BRAUCHT NUR WENIGE ZUTATEN. DAS ALLES SIND DIE ELEMENTE FÜR
MITTERNACHTSSNACKS, WIE WIR SIE LIEBEN – FÜR DIE GERICHTE, BEI
DENEN SIE DIE AUGEN SCHLIESSEN WERDEN UND AUS IHREM TIEFSTEN
INNEREN ETWAS SEUFZEN WIE: „MEINE GÜTE, IST DAS GUT."

SPIEGELEI- ← 1 PORTION
Sandwich

8 DÜNNE SCHEIBEN
CHEDDAR ODER GOUDA

2 DICKE SCHEIBEN
SAUERTEIGBROT

1 EL OLIVENÖL

1 GROSSES EI

SALZ UND FRISCH GEMAHLE-
NER SCHWARZER PFEFFER

SCHARFE SAUCE
ZUM SERVIEREN

1. Den Grill vorheizen.

2. Jedes Stück Brot mit je 4 Käsescheiben belegen und mit der Käseseite
nach oben auf ein Backblech legen. Unter den Grill schieben und den
Käse schmelzen lassen, während Sie das Ei zubereiten. Dabei immer
ein Auge darauf haben, denn der Käse verbrennt schnell.

3. Während der Käse schmilzt, Olivenöl in einer Pfanne erhitzen. Nach
20 Sekunden die Eier hineinschlagen. Auf mittlere Hitze reduzieren
und das Ei braten, bis das Eiweiß komplett gestockt ist. Mit Salz und Pfeffer
bestreuen.

4. Die Käsetoasts aus dem Ofen nehmen und auf einen Teller gleiten lassen. Das Ei mit dem Eigelb nach oben auf einen Toast legen. Mit der
zweiten Brotscheibe, die Käseseite nach unten, bedecken. Sofort essen.

WAS GIBT'S? SANDWICHES

Ein Sandwich kann in tausend verschiedenen Ausführungen daherkommen, mit mindestens ebenso vielen Namen. Club, Grilled cheese, Egg salad, PB & J, BLT, Tuna melt, French dip, Panini, Báhn mì . . . alle sind sie in die Sandwich-Ruhmeshalle eingegangen. Aber haben Sie schon mal in einen Sloppy Sussman Sammy gebissen? Ich würde es niemals einfach nur schnöde Sandwich nennen. Jedes Sandwich bekommt seinen Namen, denn ich liebe, ja ich verehre Sandwiches. Ich würde mich selbst als Sandwich-Connaisseur bezeichnen. Warum ich dieser leidenschaftlichen Liebe fröne? Also, zunächst mal, weil ich ein extremer Schnellesser bin. Deshalb ist es für mich (und sicher auch für andere) die geschickteste Methode aller Zeiten, den Magen schnell und genussvoll zu füllen. Außerdem ist es in hohem Maße vielseitig, bequem und verlässlich – und damit ist es das vermutlich perfekte Essen: gut zu transportieren, mehrmals aufwärmbar, immer lecker. Nicht ohne Grund hatten die alten Ägypter eine Hieroglyphe für das Wort Sandwich: Sie verehrten es.

Mit einer Ausnahme (Der Besoffene, einer hemmungslosen Improvisation) verwerten alle Sandwichrezepte Überbleibsel von anderen Rezepten in diesem Buch und bieten so die Möglichkeit, Ihre Lieblingsrezepte doppelt zu genießen. Nichts spricht dagegen, das Hauptgericht nur zuzubereiten, um Ihr Lieblingssandwich machen zu können. Jedes Sandwich hier sättigt gut eine Person, oder zwei, wenn Sie es durchschneiden und als Zwischenmahlzeit oder Snack servieren wollen. —Eli

> Ich würde es NIEMALS einfach nur schnöde SANDWICH nennen.

Sie haben Buttermilchkekse mit Chorizosauce gemacht, aber die Sauce ist alle, oder Sie möchten die Sauce aus irgendeinem völlig unverständlichen Grund nicht mehr essen.

Also – machen wir uns über die Kekse her!

Kaufen Sie etwas guten Räucherlachs. 150 g pro Keks reichen locker aus.

The SEABISCUIT

 **HAUPTROLLE** **BUTTERMILCHKEKSE (SEITE 21)**
frischer Dill, Frischkäse, Meersalz und Preffer, Räucherlachs

1. Die Buttermilchkekse aufschneiden und im Toaster goldbraun toasten. Währenddessen den Dill sehr fein hacken.

2. Den weichen Frischkäse auf beide Seiten der warmen Kekse schmieren. Jede Seite mit Salz und Pfeffer würzen. Ein paar Scheiben Räucherlachs auf die unteren Hälften legen, Sandwiches schließen und sofort essen.

The HOLY Schnitz

 **HAUPTROLLE** **HÄHNCHENSCHNITZEL (SEITE 117)**
Mayonnaise, rote Zwiebel, Sellerie, Paprika, frischer Rosmarin, scharfe Chilisauce, Sauerteigbrot, Dijonsenf, Eisbergsalat zum Servieren

1. Übrig gebliebenes Schnitzel in ca. 1 cm dicke Scheiben schneiden und beiseite stellen.

2. 60 ml Mayonnaise, 30 g in dünne Scheiben geschnittene rote Zwiebel, 30 g fein gewürfelten Sellerie, 30 g fein gewürfelte rote Paprika, 2 EL gehackten frischen Rosmarin und 2 EL scharfe Sauce in einer Schüssel verrühren. Dann das Schnitzel vorsichtig unterheben.

3. Den Hähnchenschnitzelsalat auf getoastetem Sauerteigbrot mit würzigem Dijonsenf und knackigem Eisbergsalat servieren.

Meine Mitbewohnerin Kate sagt immer, dass essen zu müssen eine tolle Ausrede für sie ist, um eine Portion scharfe Chilisauce zu vertilgen. Während ich nicht wie sie die Sauce wahllos auf jedes Gericht gebe und davon träume, darin zu baden, gibt sie diesem Hähnchensalat doch den gewissen Holy-Schnitz-kick. Zermantschen Sie es nicht und lassen Sie es auch nicht in Mayo ersaufen. Es darf nicht die Konsistenz eines aufgeweichten Thunfisch-Sandwiches haben, die Würfel müssen intakt bleiben. -Eli

DER Makkabi

HAUPTROLLE ▶ BRATHÄHNCHEN (SEITE 20) UND LATKES (SEITE 22)
Pflanzenöl zum Frittieren, Ketchup, saure Sahne, Ahornsirup und/oder Kräuter

> Noch frevelhafter wird ein Latke-Sandwich mit Brathähnchen, wenn man es nach einem der größten Helden der Juden benennt. Nimm dies, soziales Taktgefühl!
>
> Sie haben also Latkes und Hähnchen gemacht. (Wow, das muss der Brunch des Jahrhunderts gewesen sein, Glückwunsch!) Los geht's.

1. Brathähnchen (1 Fleischstück pro Sandwich reicht aus) in einer ofenfesten Form zugedeckt bei 180 °C etwa 15 Minuten durchwärmen. Weitere 5 Minuten ohne Deckel backen, bis die Haut knusprig ist. Aus dem Ofen nehmen und leicht abkühlen lassen.

2. Während das Hähnchen abkühlt, 1 EL Pflanzenöl in einer großen Pfanne erhitzen, 2 Latkes hineingeben und etwa 2 Minuten auf jeder Seite leicht bräunen. Sobald sie braun sind und brutzeln, auf einen Teller legen. Das Hähnchenfleisch von den Knochen lösen und auf eines der Latkes legen. Vergessen Sie nicht die leckere, knusprige Haut.

3. Ketchup, saure Sahne mit Frühlingszwiebeln oder Kräutern darauf verteilen, oder auch Ahornsirup, wenn Sie mögen. Die andere Latkeshälfte darauflegen und sofort essen.

Die TURKS und Caicos

HAUPTROLLE ▶ GEBACKENE TÜRKISCHE EIER (SEITE 30)
Sauerteigbrot, Frühstücksspeck und/oder Würstchen

> Dieses Sandwich ist so köstlich wie die gleichnamigen Inseln schön. Was charakterisiert einen Karibikurlaub? Genuss und Extravaganz. Wie dieses Sandwich.

1. Ein paar gebackene türkische Eier mit einem Löffel Sauce und Spinat in einer ofenfesten Form zugedeckt bei 180 °C etwa 10 Minuten durchwärmen. Währenddessen etwas Brot mit knuspriger Kruste (wie Sauerteigbrot oder Bauernbrot) in Scheiben schneiden.

2. Wenn Sie Frühstücksspeck haben, wunderbar. Wenn Sie Würstchen haben, noch wunderbarer. 1 Würstchen längs halbieren und nach Packungsanweisung in einer großen Pfanne braten, dann auf Küchenpapier abtropfen lassen. 2 oder 3 Streifen Frühstücksspeck etwa 5 Minuten bei starker Hitze knusprig braten. Beiseite stellen.

3. Alles bis auf 1 EL Bratfett aus der Pfanne gießen und 2 Scheiben Brot auf jeder Seite etwa 2 Minuten braten. Auf einen Teller geben, die gebackenen Eier mit der Sauce, das Würstchen und den Speck darauf verteilen. Das Sandwich mit der zweiten Scheibe schließen und sofort essen.

SANDWICH-TIPPS

• Sie können jedes Sandwich mit zerlassener Butter bei mittlerer Hitze in der Pfanne grillen. Drücken Sie mit dem Pfannenwender darauf. Sie brauchen weder einen Profigrill noch einen Paninitoaster.

• Haben Sie immer Dijonsenf im Kühlschrank.

• Haben Sie immer natives Olivenöl extra und guten Balsamico in der Speisekammer.

• Tomaten werten nahezu jedes Sandwich auf, solange sie Saison haben und reif sind. Das gilt genauso für Käse.

• Leisten Sie sich gutes Brot. Ein paar Euro mehr machen den großen Unterschied zwischen einem frisch gebackenen Brotlaib und Brot, das tagelang im Kühllaster unterwegs war.

• Lassen Sie Ihr Fleisch frisch beim Metzger schneiden. Wenn es in Plastik eingeschweißt und in exakt gleich großen Scheiben daherkommt, dann wird Ihr Sandwich garantiert nicht gut.

Ja, es ist so schmutzig, wie es klingt. Christina-Aguilera-schmutzig. Halten Sie ausreichend Servietten bereit. Sie brauchen Parmesan und Baguette, um Ihre Überbleibsel so köstlich zu verpacken.

Das
WURST-Klopse-Sandwich

FLEISCHKLOPSE VOM GEGRILLTEN FLEISCHKLOPS-SANDWICH (SEITE 43) UND FLEISCHRAGOUT (SEITE 80)
Baguette, Parmesan

1. Den Grill vorheizen. Eine beliebige Menge Baguette längs halbieren und im Ofen etwa 2 Minuten aufwärmen und leicht toasten, während der Grill aufheizt.

2. Währenddessen die Fleischklopse mit einem Löffel Ragout in einer Pfanne bei mittlerer Hitze wärmen. Wenn sie heiß sind, in einer Reihe auf der Baguetteunterseite anordnen. Das Ragout darübergeben. Großzügig Parmesan darüberreiben. Unter den Grill schieben und grillen, bis der Parmesan schmilzt und Blasen wirft. Aus dem Ofen nehmen, mit der oberen Baguettehälfte bedecken und sofort essen.

> Seine hohe Singsang-Stimme machte er bei Saturday Night Live zu einer coolen Sache, dann lieferte er die populärsten Komödien meiner Kindheit und produzierte anschließend jede lächerliche Filmidee, die ihm seine Kumpels vorschlugen – und hat dabei seine Jogginghosen und NY-Jets-T-Shirts in gefühlten acht Jahren nie gewechselt. Wie soll man diesen Mann nicht lieben? Der Typ ist mein Vorbild! -Eli

Das Adam-SANDLER-Sandwich
Unsere Version des SLOPPY JOE

 **HAUPTROLLE**
FLEISCHRAGOUT (SEITE 80)
Worcestershiresauce, Hot-Pepper-Sauce, Knoblauchgranulat, Salz und frisch gemahlener schwarzer Pfeffer, Baked Beans (nach Belieben), Brot nach Wahl

1. Einen großen Löffel Ragout in eine Pfanne geben und bei mittlerer Hitze etwa 5 Minuten durchwärmen, gelegentlich umrühren.

2. 1 EL Worcestershiresauce, 1 TL scharfe Chili-Sauce, 1 TL Knoblauchgranulat und je 1 Prise Salz und frisch gemahlenen schwarzen Pfeffer zugeben. Wenn Sie Baked Beans haben, geben Sie diese ebenfalls dazu. Unter häufigem Rühren köcheln lassen.

3. Als fliegenden Teppich für die Reise in Ihren Mund empfehlen wir Zwiebel- oder Hamburgerbrötchen. Alles auf das Brötchen geben und sofort essen.

Der BESOFFENE

Das klassische Besoffenen-Sandwich besteht aus: klein gewürfelten Kartoffeln, in Butter oder Olivenöl gebraten (bis sie knusprig sind), Fleisch, das sich im Kühlschrank findet, am besten Frühstücksspeck (knusprig braten); Käse (am besten Cheddar oder Schweizer Käse); Ranchdressing (aus der Flasche) und scharfer Sauce.

All diese Köstlichkeiten (nach Belieben) wie einen Burrito in eine Weizentortilla wickeln und das Ganze zum Verschließen mit einem Spritzer Olivenöl oder 1 EL Butter in eine heiße Pfanne legen. Alles auf jeder Seite etwa 2 Minuten schmelzen und bräunen lassen. Sofort essen.

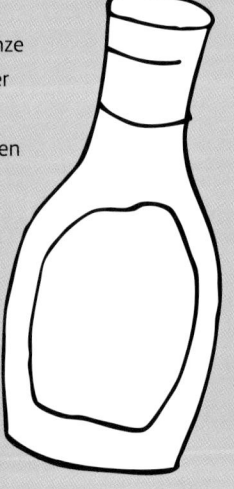

> Betrunken Sandwiches zu machen sollte olympische Disziplin werden. Wir sagen das nur, weil mein Bruder und ich auch mal eine Goldmedaille gewinnen wollen. Meinen sportlichen Höhepunkt hatte ich in der achten Klasse, und Max' beste Disziplin war Hacky Sack. Das ist also unsere letzte Chance. Übung macht den Meister – oder zumindest ein grandioses Sandwich. Es kann vorkommen, dass Sie beim Essen schon vergessen haben, was Sie hineingetan haben. Sie werden sich wahrscheinlich den Mund an diesem Sandwich verbrennen. Halten Sie durch. -Eli

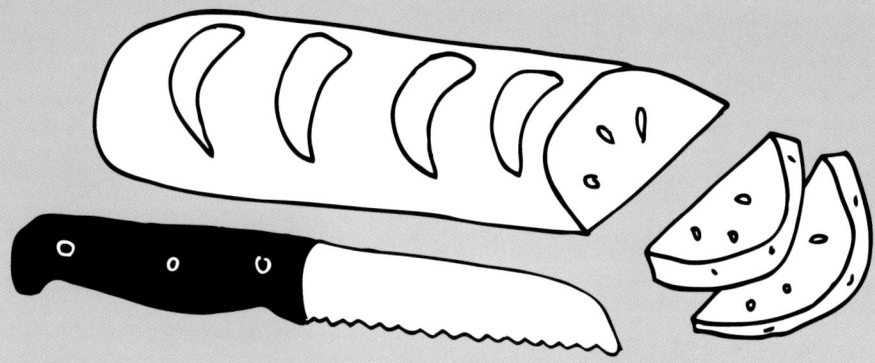

Als Kinder hatten wir nur sechs Fernsehkanäle, deshalb sahen wir oft „Reading Rainbow". Dieses Sandwich haben wir nach unserem Lieblingsbuch benannt, das wir aus der Show kennen. Warum wir dieses Buch über einen kleinen Jungen, der in einer Metzgerei arbeiten muss und sich am Ende in einen Fisch verwandelt, so mochten, ist unklar. Schließlich gehört Zwangsarbeit und sich in einen Fisch zu verwandeln nicht oben auf die To-Do-Liste von kleinen Kindern. Aber wir haben gelesen! Dieses Sandwich ist köstlich. Aber probieren Sie selbst. -Eli

Luise, DER FISCH

 **HAUPTROLLE** GANZER GEGRILLTER FISCH (SEITE 53) oder IN BUTTER POCHIERTER KABELJAU (SEITE 69),
Gurke, saure Sahne oder Joghurt, Knoblauch, frischer Dill, Salz und frisch gemahlener schwarzer Pfeffer, Sandwichbrötchen, Rucola

1. Eine mittelgroße Gurke schälen. Mit einer groben Reibe auf ein Küchentuch reiben. In das Tuch wickeln und vorsichtig auswringen, um möglichst viel Flüssigkeit zu entfernen.

2. Die Gurke in eine Schüssel geben und 125 g saure Sahne oder Joghurt, 2 gehackte Knoblauchzehen, 1 EL gehackten frischen Dill, Salz und frisch gemahlenen schwarzen Pfeffer zugeben, abschmecken.

3. Die Schnittflächen eines durchgeschnittenen Brötchens mit der Gurkensauce bestreichen (die restliche Sauce für mehr Sandwiches verwenden). Das Fischfilet auf eine Hälfte legen, etwas Rucola darauflegen, Sandwich schließen und sofort essen.

HINWEIS ZUM BROT

Wie Sie sehen, sieht jedes Sandwichrezept eine oder mehrere Brotsorten vor. Doch auch alle anderen Sorten sind okay – vorausgesetzt, es ist weißes Brot. Wenn Sie nur weißes Supermarkt-Brot im Plastikbeutel haben, dann laufen — nicht gehen — Sie bitte zu Ihrem Auto und fahren Sie zum Markt, zur Bäckerei oder zum besten Supermarkt in Ihrer Nähe. Da kaufen Sie Baguettes, Sauerteigbrot, Ciabatta, irgendwas knuspriges, Lokales, in kleinen Portionen und frisch gebacken. Mein Gott, kaufen Sie einfach etwas, das kein Industrieprodukt ist. Es wird Ihr Leben bereichern. Nehmen Sie das gute Zeug; gutes Brot macht den Unterschied.

DIESE DESSERTS
SIND ZUM
NIEDERKNIEN
LECKER. DANACH
HAT MAN
GARANTIERT
EINEN RICHTIG
DICKEN BAUCH.

Süßkram

SCHOKOLADEN–ERDNUSSBUTTER-PIE 142

SCHOKOLADEN-ESPRESSO-TARTE OHNE MEHL 145

CEREALIEN-CUPCAKES 146

SAISONALE GRANITAS 147

INGWERKEKS-EISCREME-SANDWICHES 148

S'MORES MIT AHORNSIRUP-BOURBON-MARSHMALLOWS 151

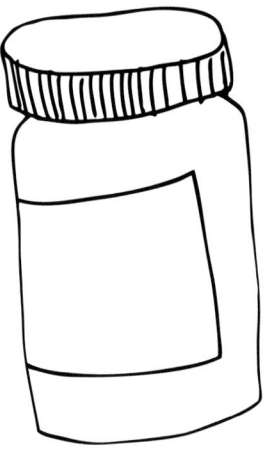

HIER HABEN WIR SO VIELE LECKERE ZUTATEN WIE MÖGLICH IN EIN DESSERT GEPACKT, DAS JEDER LIEBEN WIRD, DER SCHON BEIM GEDANKEN, EIER UND MEHL ZU KOMBINIEREN, ANGSTZUSTÄNDE BEKOMMT. WENN SIE DIESES KOCHBUCH LESEN KÖNNEN, DANN KÖNNEN SIE AUCH DIESES DESSERT ZUBEREITEN, UND ES WIRD SO WAHNSINNIG GUT AUSSEHEN WIE AUF DEM FOTO.

Schokoladen-Erdnuss-butter-PIE

6-8 PORTIONEN

185 G ZERKRÜMELTE VOLLKORNKEKSE

125 G BUTTER ZERLASSEN

185 G ZARTBITTER-SCHOKOLADENSTÜCKE

250 ML SAHNE

45 G UNGESÜSSTES KAKAO-PULVER

125 G FRISCHKÄSE, ZIMMERTEMPERATUR

300 G ERDNUSSBUTTER MIT STÜCKCHEN, ZIMMERTEMPERATUR

150 G GESALZENE ERD-NÜSSE, GROB GEHACKT

1. Ofen auf 190 °C vorheizen.

2. Kekse in der Küchenmaschine mit dem Momentschalter fein mixen, bis sie die Konsistenz von Sand haben. In eine Schüssel füllen, die geschmolzene Butter zugeben und gründlich verrühren. Eine Tarte-form (23 cm Durchmesser) fetten und die Keksmischung darin gleichmäßig verteilen und zu einer glatten Schicht festdrücken. Die Ränder müssen nicht bedeckt werden. Etwa 15 Minuten goldbraun backen. Aus dem Ofen neh-men und vollständig abkühlen lassen.

3. Die Schokoladenstückchen und eine große ofenfeste Schüssel geben. Die Sahne in einem kleinen Topf erhitzen, bis sie fast kocht. Langsam über die Schokolade gießen, dabei stetig mit dem Schneebesen rühren. Kakao-pulver zugeben und kräftig unterrühren, bis die Mischung glatt ist. In den Kühlschrank stellen.

4. Frischkäse und Erdnussbutter mit einem Holzkochlöffel in einer kleinen Schüssel gründlich verrühren. Wenn der Teigboden völlig abgekühlt ist, die Erdnussbuttercreme darauf mit einem Teigschaber zu einer glatten Schicht verstreichen. Die Schokoladensauce darüber verteilen und die gesalzenen Erdnüsse daraufstreuen. Etwa 1 Stunde in den Kühlschrank stellen, dann in Tortenstücke schneiden und servieren.

EINE VARIATION DES MEHLLOSEN KUCHENS, DEN UNSERE MOM GERNE ZU BESONDEREN ANLÄSSEN GEMACHT HAT. WIR HABEN UNS ENTSCHIEDEN, IHM MIT ESPRESSO NOCH EINEN BESONDEREN KICK ZU VERLEIHEN. SIE WERDEN ÜBERRASCHT SEIN, WIE SAFTIG ER IST. DER KUCHEN IST SUPERWEICH UND MÄCHTIG, ZWISCHEN NOUGAT UND BROWNIE.

Schokoladen-Espresso-TARTE
OHNE MEHL

125 G ZARTBITTERSCHOKO-LADE GUTER QUALITÄT

185 G ZUCKER

½ PÄCKCHEN (125 G) BUTTER, ZERLASSEN UND AUF ZIMMERTEMPERATUR ABGEKÜHLT

3 GROSSE EIER, LEICHT VERQUIRLT

90 G UNGESÜSSTES KAKAO-PULVER, PLUS ETWAS MEHR ZUM BESTÄUBEN

1½ EL GEMAHLENE ESPRES-SOBOHNEN ODER INSTANT-ESPRESSO

SCHLAGSAHNE (NACH BELIEBEN)

1. Ofen auf 190 °C vorheizen. Eine runde Kuchenform (20 cm Durchmesser) buttern.

2. Die Schokolade über Wasserdampf schmelzen. Die geschmolzene Schokolade aus der Schüssel in eine größere Schüssel kratzen, Zucker und geschmolzene Butter zugeben und gut vermischen. Eier zugeben und wieder gut verrühren. Kakaopulver und Espresso hineinsieben und zu einem glatten Teig vermengen. In die vorbereitete Form füllen und 20–25 Minuten backen, bis die Oberfläche etwas fest wird.

3. Aus dem Ofen nehmen und in der Form 10 Minuten abkühlen lassen, dann auf eine Tortenplatte geben. Mit Kakaopulver bestreuen und die Schlagsahne daraufgeben, wenn gewünscht. In Tortenstücke schneiden und sofort servieren.

EINES ABENDS WAR ICH UNTERWEGS ZU EINER DINNERPARTY, WOLLTE ABER NICHT MIT LEEREN HÄNDEN KOMMEN. ES LAGEN ABER KAUM GESCHÄFTE AUF DEM WEG UND DIE ZEIT WAR KNAPP. DIES IST EIN GUTES BEISPIEL, WIE MAN AUS DEM VORHANDENEN DAS BESTE MACHT. TIPP: WENN SIE KAUM SÜSSE SAUCEN HABEN, ENTERN SIE DEN KÜHLSCHRANK IHRES GASTGEBERS UND HALTEN SIE NACH SCHOKOLADENSAUCE, ERDNUSSBUTTER, MARMELADE, NÜSSEN ODER ÄHNLICHEM AUSSCHAU. –ELI

ERGIBT 9 CUPCAKES

CEREALIEN-Cupcakes

375 G FRÜHSTÜCKS-
CEREALIEN

150 G MEHL

60 G BRAUNER ZUCKER

1 PÄCKCHEN (250 G)
BUTTER, ZERLASSEN

1 GROSSES EI

PFLANZENÖL
FÜR DIE FÖRMCHEN

**FÜR DIE AHORN-PEKANNUSS-
SAUCE**

150 G GEHACKTE
PEKANNÜSSE

125 ML AHORNSIRUP

125 G BRAUNER ZUCKER

1. Ofen auf 190 °C vorheizen.

2. Die Cerealien mit dem Mixer mittelfein mahlen oder mit einer schweren Schüssel auf der Arbeitsfläche zerdrücken. Nicht zu Staub zermahlen, kleine Stückchen sind absolut ausreichend.

3. Gemahlene Cerealien, Mehl und braunen Zucker in einer großen Schüssel mischen. Zerlassene Butter und Ei zugeben und gut verrühren.

4. 9 Cupcake-Förmchen mit einer dünnen Schicht Öl bepinseln. Etwa 60 ml der Cerealienmischung in die Förmchen drücken.

5. Für die Ahornsirup-Pekannuss-Sauce Pekannüsse, Ahornsirup und braunen Zucker in einer Schüssel mischen. Gut verrühren und auf den Cupcakes verteilen, sodass jedes Förmchen bis zum Rand gefüllt ist.

6. 12–15 Minuten backen, bis sie an der Oberfläche goldbraun sind. Auf einem Backrost abkühlen lassen, aus der Form nehmen und servieren.

MÖGEN SIE DIESE GESCHMACKSINTENSIVEN EISKALTEN DINGER, DIE IN PLASTIKBECHERN VERKAUFT WERDEN? COOL. HIER IST EINE SCHICKE VERSION MIT EINEM NOCH SCHICKEREN NAMEN. UM AUFWAND UND ABWASCH ZU SPAREN, HABEN WIR DEN MIXER UND DIE FRISCHEN FRÜCHTE WEGGE-LASSEN, DAFÜR KOMBINIEREN WIR FRUCHTSAFT UND ANDERE LECKERE GESCHMÄCKER. STELLEN SIE DIE SERVIERSCHÄLCHEN VOR DEM SERVIE-REN 10 MINUTEN IN DEN KÜHLSCHRANK, DAMIT DIE GRANITA AUCH NOCH AM TISCH EISKALT IST. PLASTIKBECHER IM LIEFERUMFANG NICHT INBEGRIFFEN.

4-6 PORTIONEN

Saisonale GRANITAS

FÜR ZITRONEN-LIMETTEN-GRANITA

750 ML LIMONADE AUS 100% ZITRONENSAFT

ABGERIEBENE SCHALE VON 1 BIO-ZITRONE

ABGERIEBENE SCHALE VON 1 BIO-LIMETTE

FÜR APRIKOSEN-INGWER-GRANITA

750 ML 100% APRIKOSENSAFT

1 EL GESCHÄLTER UND FEIN GERIEBENER INGWER

1. Limonade oder Aprikosensaft in eine etwa 20 x 30 cm große Back- oder Auflaufform aus Glas oder Metall geben. Sie sollte nicht höher als 4 cm gefüllt werden.

2. Zitronen- und Limettensaft zur Limonade geben bzw. den Ingwer zum Aprikosensaft. Gut umrühren. 1 Stunde ins Gefrierfach stellen.

3. Granita aus dem Gefrierfach nehmen und die Oberfläche mit den Zinken einer Gabel aufbrechen. Wieder für 1 Stunde in das Gefrierfach stellen. Dann wieder mit der Gabel die Oberfläche aufbrechen. In halb-stündigen Abständen wiederholen, bis die Granita eine schöne, gleichmä-ßige Eiskristallmasse ist, insgesamt 4–5 Stunden. In Servierschälchen (oder Plastikbecher) füllen und sofort servieren.

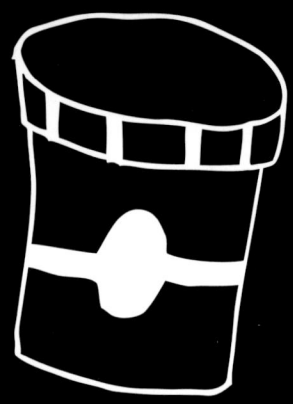

WIR MÖGEN DEN GESCHMACK VON INGWERKEKSEN, DEN MAN BEI KEKSEN SO GAR NICHT ERWARTET. UNSERE MOM MACHTE DIESE KEKSE ZU EINFACH JEDEM FAMILIENTREFFEN. DIESES REZEPT WECKT KINDHEITSERINNERUNGEN IN UNS. EINE HALBE STUNDE HÄNGT MAN DEN GUTEN ALTEN ZEITEN NACH, WÄHREND MAN WIE EIN SECHSJÄHRIGER DIE EISCREMESANDWICHES IN SICH STOPFT.

Ingwerkeks-
EISCREME-SANDWICHES

4-6 PORTIONEN ➡

500 G ZUCKER, PLUS ETWAS MEHR ZUM WÄLZEN

¾ PÄCKCHEN (185 G) GESAL-ZENE BUTTER ZERLASSEN

2 GROSSE EIER

170 G UNGESCHWEFELTE MELASSE

½ TL BACKNATRON

3 TL GEMAHLENER INGWER

½ TL ZIMT

¼ TL GEMAHLENE NELKEN

550 G MEHL

440 G PFIRSICH- ODER ANDERE EISCREME GUTER QUALITÄT, LEICHT ANGE-TAUT

1. Ofen auf 190 °C vorheizen.

2. 500 g Zucker und die zerlassene Butter in einer großen Schüssel mischen. Mit einem Holzkochlöffel oder einem Gummischaber zu einer glatten Masse verrühren. Eier und Melasse zugeben und gut verrühren. Backnatron, Ingwer, Zimt und Nelken gründlich unterrühren. Dann 30 g Mehl zugeben und gut umrühren, bis kein Mehl mehr zu sehen ist. Das restliche Mehl zugeben und gut vermischen.

3. Zucker auf einen Teller streuen. Den Teig zu 12 Kugeln mit etwa 5 cm Durchmesser formen. Jede Kugel im Zucker wälzen, bis sie gleichmäßig umhüllt ist, dann auf ein Backblech legen. Etwa 12 Minuten backen, bis sie an der Oberfläche beginnen, aufzureißen. Aus dem Ofen nehmen und 2 Minuten abkühlen lassen. Mit einem breiten Pfannenwender auf einen Backrost legen und komplett abkühlen lassen.

4. 6 der Kekse mit der Oberseite nach unten auf die Arbeitsfläche legen. Etwa 75 g Eiscreme auf jeden Keks geben und mit einem zweiten Keks mit der Oberseite nach oben bedecken. Leicht andrücken und die Eiscreme zu den Rändern der Kekse drücken. Sofort servieren.

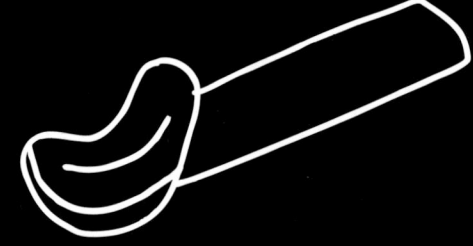

ALS WIR UNS DIESES REZEPT AUSDACHTEN, FANDEN WIR, DASS DAS HERZSTÜCK DIE FÜLLUNG IM ZENTRUM DES S'MORE SEIN SOLLTE. GEKAUFTE MARSHMALLOWS SIND GESCHMACKLOSE BATZEN. BEI UNSEREM ERSTEN VERSUCH HABEN WIR DIESE S'MORES PROBIERT UND JEDER NAHM EINEN GROSSEN BISSEN. WIR SAHEN UNS AN UND WAREN SCHLICHT ÜBERWÄLTIGT.

S'mores mit AHORNSIRUP-Bourbon-Marshmallows

PFLANZENÖL FÜR DIE FORM (KEIN OLIVENÖL)

PUDERZUCKER ZUM BESTÄUBEN

2 EL NEUTRALES GELATINEPULVER

60 ML BOURBON, PLUS 3 EL

250 G AHORNSIRUP

375 G KRISTALLZUCKER

125 G ZARTBITTERSCHO-KOLADE (60% KAKAOANTEIL), GEHACKT

125 ML SAHNE

9 VOLLKORNKEKSE, IN HÄLFTEN GEBROCHEN

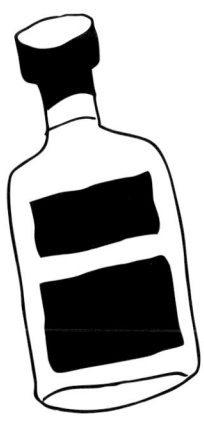

1. Den Boden einer quadratischen Backform (23 cm Seitenlänge) mit Back-papier oder Frischhaltefolie auslegen. Dünn mit Öl bepinseln und leicht mit Puderzucker bestäuben.

2. 125 ml warmes Wasser in eine kleine Schüssel geben, die Gelatine unter Rühren darin auflösen.

3. 60 ml Bourbon, Ahornsirup und Zucker in einem Topf aufkochen und unter häufigem Rühren köcheln, bis die Temperatur etwa 115 °C beträgt (mit einen Zucker- oder Frittierthermometer messen). In den Standmixer geben, die aufgelöste Gelatine und die restlichen 3 EL Bourbon zugeben. Mit dem Flachrührer 10–12 Minuten rühren, bis steife Spitzen entstehen, wenn der Rührer herausgenommen wird. Wenn Sie keinen Standmixer haben, nehmen Sie den Handrührer, aber verwenden Sie eine hitzefeste Schüssel und machen Sie sich auf müde Arme gefasst, denn langes Rühren ist wichtig. Mit einem Gummi-schaber in die Form füllen und bis zu den Ecken glattstreichen. Bei Zimmertem-peratur etwa 4 Stunden fest werden lassen.

4. Die Marshmallows aus der Form kippen und Papier bzw. Folie abziehen. 2 cm an den Rändern abschneiden, dann in 9 Quadrate schneiden. Etwas Puderzucker in eine Schüssel sieben, Marshmallows zugeben und darin wälzen. Die Schokolade in eine hitzefeste Form füllen. Die Sahne erhitzen, bis sie fast kocht. Währenddessen 9 der Kekshälften auf ein Backblech legen und auf jede einen Marshmallow setzen. Die heiße Sahne über die Schokolade gießen und mit dem Schneebesen glatt rühren, bis die Schokolade geschmolzen ist. Etwas davon über die Marshmallows träufeln, die anderen Kekshälften daraufsetzen und servieren.

Verschiedenes

Was nirgends reinpasste, aber einfach sowas von lecker ist.

Chorizo-Sauce

FÜR DIE CHORIZO

500 g Schweine-
gehacktes

6 Knoblauchzehen,
gehackt

1 EL brauner Zucker

1 EL Oregano

2½ TL Salz

2 TL geräuchertes Papri-
kapulver

2 TL Ancho-Cilipulver

1 TL Chipotle-Chilipulver

1 TL gemahlener
Kreuzkümmel

½ TL gemahlener
Koriander

½ TL Cayennepfeffer

2 TL roter Weißweinessig

1 EL Butter nach Bedarf

45 g Mehl

500 ml Milch

1. Das Fleisch in eine große Schüssel geben. Alle übrigen Zutaten für die Chorizo zugeben und mit einem Holzkochlöffel oder den Händen mischen, aber nicht zu lange kneten. Eine kleine Pfanne erhitzen. Eine münzgroße Menge zum Testen in die Pfanne geben. Bei mittlerer Hitze etwa 3 Minuten braten, dabei einmal wenden, bis das Stück innen nicht mehr rosa ist. Nach Bedarf abschmecken.

2. Einen Topf erhitzen. Chorizo hineingeben und unter Rühren bei starker Hitze etwa 10 Minuten braten, dabei das Fleisch mit dem Holzkochlöffel zerteilen. Es sollten 1–2 EL ausgelassenes Fett in der Pfanne zurückbleiben. Ist dies nicht der Fall, 1 EL Butter zugeben. Auf mittlere Hitze reduzieren und, wenn die Butter geschmolzen ist (falls verwendet), Mehl zugeben und etwa 3 Minuten stetig rühren, damit kein Mehlgeschmack bleibt. Milch langsam zugeben und zum Köcheln bringen. Hitze weiter reduzieren und unter häufigem Rühren ca. 3 Minuten andicken lassen. Beiseite stellen und warm halten. (Die Sauce kann bis zu 2 Tage im Voraus vorbereitet werden). Gut abdecken und im Kühlschrank aufbewahren. Zum Servieren bei schwacher bis mittlerer Hitze aufwärmen.

Thymianspätzle

235 g Mehl

Salz und frisch gemahlener schwarzer Pfeffer

2 große Eier

60 ml halbfette oder Vollmilch

3 EL Butter

1 EL gehackter frischer Thymian

1. Mehl, Salz und ½ TL Pfeffer in einer großen Schüssel gut vermischen. In einer zweiten Schüssel Eier und Milch verquirlen. In die trockenen Zutaten eine Mulde drücken und die Eiermischung hineingeben. Die feuchten in die trockenen Zutaten rühren, dabei das Mehl nach und nach in die Mulde schieben und zu einem glatten Teig rühren. 20 Minuten bei Zimmertemperatur ruhen lassen.

2. Großzügig gesalzenes Wasser in einem Topf zum Kochen bringen. Einen großen Schaumlöffel bereitlegen. Eine Teigportion von oben durch die Löcher des Schaumlöffels direkt ins Wasser drücken. Zweimal wiederholen, damit der Topf nicht überfüllt wird. Die Spätzle herausfischen, wenn sie an die Oberfläche steigen, in einen im Spülbecken stehenden Durchschlag geben und schnell unter fließend kaltem Wasser abschrecken. Den übrigen Teig ebenso zubereiten.

3. Wenn alle Spätzle gekocht und abgeschreckt sind, Butter in einer großen Pfanne schmelzen. Wenn sie weich und schaumig ist, Spätzle zugeben und gut damit verrühren. Thymian unterrühren. 1–2 Minuten braten, bis die Spätzle braun und knusprig sind. Sofort servieren.

Apfelchutney

1 EL Olivenöl

2 Zwiebeln, gehackt

3 Äpfel, grob gehackt

60 g brauner Zucker

1 EL geschälter und gehackter Ingwer

1 TL gemahlener Piment

abgeriebene Schale und Saft von ½ Bio-Zitrone

1 Prise Salz

1. Olivenöl in einer Pfanne erhitzen. Zwiebeln zugeben und bei mittlerer Hitze gründlich verrühren. Hitze reduzieren und unter häufigem Rühren etwa 45 Minuten braten, bis die Zwiebeln goldbraun sind.

2. Äpfel in einen Topf geben und 60 ml Wasser zugeben. Bei schwacher Hitze etwa 30 Minuten köcheln lassen, bis sie sehr weich sind. Äpfel zerdrücken; es sollen noch Stückchen vorhanden sein.

3. Zwiebeln, braunen Zucker, Ingwer, Piment, Zitronenschale und -saft sowie Salz zugeben, gut verrühren. Warm oder mit Zimmertemperatur servieren.

Shiitake-Brühe

2 l gute, salzarme
Hühnerbrühe

4 Frühlingszwiebeln, nur
die weißen und hell-
grünen Teile, in Ringe
geschnitten

125 g frische Shiitake-
pilze, ohne Stiel,
gewürfelt

2 EL geschälter und
grob geriebener Ingwer

1. Hühnerbrühe, Frühlingszwiebeln, Shiitakepilze und
Ingwer in einen Suppentopf geben. Zum Kochen bringen,
dabei gelegentlich umrühren. Hitze reduzieren und halb
bedeckt etwa 15 Minuten leise köcheln lassen.

Rucolapesto

60 g Walnussstückchen

1 Knoblauchzehe,
gehackt

60 g Rucolablätter

60 g frisch geriebener
Parmesan

Salz

250 ml natives Olivenöl
extra

1. Walnüsse, Knoblauch, Rucola, Parmesan und 1 TL Salz
in der Küchenmaschine mit dem Momentschalter mixen.
Olivenöl bei laufender Maschine langsam und gleichmäßig einlaufen lassen und glatt mixen. Wenn nötig,
die Maschine zwischendurch anhalten und die Masse
vom Rand kratzen. Abschmecken.

Würziges Aioli

2 große Eigelb

2 EL Apfelessig

1 Knoblauchzehe,
gehackt

½ TL Dijonsenf

½ TL Salz

½ TL Cayennepfeffer

¼ TL Paprikapulver

250 ml natives Olivenöl
extra

1. Eigelb, Essig, Knoblauch, Senf, Salz, Cayennepfeffer und
Paprikapulver in die Küchenmaschine geben und mit dem
Momentschalter mixen.
Olivenöl bei laufender Maschine langsam und gleichmäßi-
gen einlaufen lassen und glatt mixen.
Abschmecken.

Za'atar

3 EL Gewürzsumach

2 EL frischer Thymian

2 EL getrockneter
Oregano

1 EL Fenchelsamen

1 EL gemahlener
Kreuzkümmel

1 EL Koriander

2 TL grobes Meersalz

Meersalz

1. Alle Zutaten in einer
Gewürzmühle oder mit
dem Mörser mahlen. Bis
zu 6 Monate in einem
luftdichten Behälter aufbewahren.

REGISTER

A

Das Adam-Sandler-Sandwich, 138
Ahornsirup-Bourbon-Marshmallows,
  S'mores mit, 151
Aioli, Würziges, 154
Äpfel
  Apfelchutney, 153
  Apfel-Zimt-Popcorn, 129
  Schweinekoteletts mit Apfelchutney,
    109
Apfelsauce, 22
Aprikosen-Ingwer-Granita, 147
Austernhäppchen, Frittiert, 106
Avgolemono, 90

B

Bärlauch, eingelegt, 46
Bauernmarkt-Frittata, 130
Der Besoffene, 138
Birnentarte, 114
Blattgemüse
  Endiviensalat mit warmer Sardellen-
    vinaigrette, 112
  Gebackene türkische Eier, 30
  Gegrillter Traubensalat mit Haselnüssen
    und Blauschimmelkäse, 39
  Rucolapesto, 154
  Sautierter Grünkohl mit Mandeln und
    Korinthen, 55
Bluttransfusion, 89
Brot
  Auswählen für Sandwiches, 139
  Buttermilchkekse mit Chorizosauce, 21
  Nutellabrötchen, 31
  Sommer-Panzanella, 40
Brühe, Shiitake-, 154
Buttermilchkekse mit Chorizosauce, 21

C

Call a Cab, 88
Cerealien-Cupcakes, 146
Chilaquiles mit Tomatillosalsa, 19
Chili und Paprika
  Geröstetes Wurzelgemüse mit
    Romescosauce, 113
  Jalapeño-Kohl, 103
Chorizo-Sauce, 152

Churros, Zimt-, 105
Chutney, Apfel-, 153
Cocktails
  Bluttransfusion, 89
  Call a Cab, 88
  Drunk to the Max, 88
  Inigo Montoya, 87
  Keith's Coc', 87
  servieren, 86
Cupcakes, Cerealien-, 146

D

Desserts
  Birnentarte, 114
  Cerealien-Cupcakes, 146
  Gegrillte Feigen mit Honig und
    Pistazienjoghurt, 95
  Ingwerkeks-Eiscreme-Sandwiches, 148
  Mandelkekse, 120
  Saisonale Granitas, 147
  Schokoladen–Erdnussbutter-Pie, 142
  Schokoladen-Espresso-Tarte ohne Mehl,
    145
  S'mores mit Ahornsirup-Bourbon-
    Marshmallows, 151
  Zimt-Churros, 105
Die Turks und Caicos, 136
Drunk to the Max, 88
Dünn geschnittene Pommes für einen,
  124

E

Eier
  Bauernmarkt-Frittata, 130
  Chilaquiles mit Tomatillosalsa, 19
  Die Turks und Caicos, 136
  Frühstück von Monte Christo, 16
  Gebackene türkische Eier, 30
  Gebratener Reis, 126
  Polenta mit Käse, pochierten Eiern und
    sautiertem Spargel, 27
  Spiegeleisandwich, 133
Einfache Pizzasauce, 63
Eingelegtes
  „48 Stunden"-Dillgurken, 45

Eingelegte Rote Bete, 47
Eingelegte Wachsbohnen, 46
Eingelegter Bärlauch, 46
  selbst gemacht, vorbereiten, 44
Einlegesud, 45
Eiscreme-Sandwiches, Ingwerkeks-, 148
Endiviensalat mit warmer Sardellenvinai-
  grette, 112
Erdnüsse
  Schokoladen-Erdnussbutter-Pie, 142
  Wandermischung mit Popcorn, 129

F

Feigen
  Gegrillte Feigen mit Honig
    und Pistazienjoghurt, 95
Fisch
  Endiviensalat mit warmer Sardellen-
    vinaigrette, 112
  Fischtacos mit Tomatillosalsa, 98
  Gegrillter ganzer Fisch, 53
  In Butter pochierter Kabeljau
    mit Kräutersalat, 69
  Linguine mit Sardellen, Petersilie
    und Walnüssen, 70
  Luise, der Fisch, 139
  Räucherlachs-Sauce, 22
  The Seabiscuit, 135
Fleisch. Siehe auch Rind, Lamm, Schwein
  Der Besoffene, 138
Fleischklößchen
  Das Wurst-Klopse-Sandwich, 137
  Gegrilltes Fleischklops-Sandwich, 43
Frische Garganelli mit Tomaten, Stein-
  pilzen, Guanciale und Pecorino, 73
Frittata, Bauernmarkt-, 130
Frittierte Austernhäppchen, 106
Frittiertes Hähnchen und Waffeln, 20
Frühstück von Monte Christo, 16

G

Gazpacho, Wassermelonen-, 34
Gebackene türkische Eier, 30
Gebratene Lammkeule, 93
Gebratener Reis, 126
Gebratener Traubensalat mit Hasel-
  nüssen und Blauschimmelkäse, 39

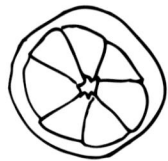

Gegrillte Feigen mit Honig und Pistazien-
    joghurt, 95
Gegrillte Hot Wings, 51
Gegrillter ganzer Fisch, 53
Gegrillter Pfirsichsalat, 37
Gegrillter Romana-Speck-Salat, 38
Gegrilltes Flankensteak mit Chili-Gewürz-
    mischung, 48
Gegrilltes Fleischklops-Sandwich, 43
Gemüse. *Siehe auch* einzelne Sorten
    Bauernmarkt-Frittata, 130
    Kraut-und-Rüben-Pasta, 127
    Geröstetes Wurzelgemüse mit
        Romescosauce, 113
    Projekt: Einlegen, 44–47
Gegrillte Feigen mit Honig und Pistazien-
    jogurt, 95
Geröstete Maissuppe, 102
Gerösteter Blumenkohl mit Röstzwiebeln,
    83
Geröstetes Wurzelgemüse mit Romesco-
    sauce, 113
Geschmorter Rotkohl mit Karotten und
    Speck, 118
Getreide. *Siehe* Polenta; Reis
Granitas, Saisonale, 147
Grillhähnchen, 50
Grundteig für Pasta, 75
Guanciale, Tomaten, Steinpilze
    und Pecorino, Garganelli mit, 73
Gurken
    „48 Stunden"-Dillgurken, 45
    Gurkensalat, 119

H

Hähnchen
    Avgolemono, 90
    Chilaquiles mit Tomatillosalsa, 19
    Frittiertes Hähnchen und Waffeln, 20
    Gegrillte Hot Wings, 51
    Grillhähnchen, 50
    Hähnchen-Adobo, 60
    Hähnchenschnitzel, 117
    Shiitake-Ingwer-Suppe mit Knoblauch-
        Hähnchen-Klößen, 68

The Holy Schnitz, 135
Der Makkabi, 136
Haselnüsse und Blauschimmelkäse,
    gegrillter Traubensalat mit, 39
Hippie-Popcorn, 129
Hochrippe Korea-Art, 66

I

In Butter pochierter Kabeljau
    mit Kräutersalat, 69
Ingwer
    Aprikosen-Ingwer-Granita, 147
    Ingwerkeks-Eiscreme-Sandwiches, 148
    Shiitakebrühe, 154
    Shiitake-Ingwer-Suppe mit Knoblauch-
        Hähnchen-Klößen, 68
Inigo Montoya, 87

J

Jalapeño-Kohl, 103
Joghurt
    Rote-Bete-Joghurt-Salat, 58
    Gegrillte Feigen mit Honig
        und Pistazienjoghurt, 95

K

Kabeljau
    In Butter pochierter Kabeljau
        mit Kräutersalat, 69
    Luise, der Fisch, 139
Käse
    Frühstück von Monte Christo, 16
    Gebackene türkische Eier, 30
    Gegrillter Traubensalat mit Haselnüssen
        und Blauschimmelkäse, 39
    Orzosalat, 94
    Polenta mit Käse, pochierten Eiern
        und sautiertem Spargel, 27
    Spiegeleisandwich, 133
    Überbackene Zucchini, 54
    Zwiebel-Gruyère-Kartoffel-Tarte, 28
Karotten und Speck, geschmorter Rotkohl
    mit 118
Kartoffeln

Der Besoffene, 138
    Dünn geschnittene Pommes für einen,
        124
    Latkes mit vielen Saucen, 22
    Zwiebel-Gruyère-Kartoffel-Tarte, 28
Keith's Coc', 87
Kekse, Buttermilch-, mit Chorizosauce, 21
Kekse, Mandel-, 120
Kohl
    Geschmorter Rotkohl mit Karotten
        und Speck, 118
    Jalapeño-Kohl, 103
Kraut-und-Rüben-Pasta, 127
Kräutersalat, in Butter pochierter
    Kabeljau mit, 69

L

Lachs. *Siehe* Räucherlachs
Latkes
    Der Makkabi, 136
    Latkes mit vielen Saucen, 22
Limetten
    Würziges Chili-Zitrus-Popcorn, 129
    Zitronen-Limetten-Granita, 147
Linguine mit Sardellen, Petersilie
    und Walnüssen, 70
Luise, der Fisch, 139

M

Der Makkabi, 136
Maissuppe, geröstete, 102
Mandeln
    Cerealien-Cupcakes, 146
    Geröstetes Wurzelgemüse mit
        Romescosauce, 113
    Mandelkekse, 120
    Sautierter Grünkohl mit Mandeln
        und Korinthen, 55
    Wassermelonen-Gazpacho, 34
Marshmallows, Ahornsirup-Bourbon-,
    S'mores mit, 151
Meeresfrüchte. *Siehe* Fisch; Austern

N

Nüsse. *Siehe auch* Mandeln

Cerealien-Cupcakes, 146
Gegrillte Feigen mit Honig und
    Pistazienjoghurt, 95
Gegrillter Traubensalat mit Haselnüssen
    und Blauschimmelkäse, 39
Linguine mit Sardellen, Petersilie und
    Walnüssen, 70
Nutellabrötchen, 31
Rucolapesto, 154
Schokoladen-Erdnussbutter-Pie, 142
Wandermischung mit Popcorn, 129
Nutellabrötchen, 31

O

Obst. *Siehe* einzelne Sorten
Orzosalat, 94

P

Panzanella, Sommer-, 40
Pasta
    Frische Garganelli mit Tomaten,
        Steinpilzen, Guanciale
        und Pecorino, 73
    Grundteig, 75
    Kraut-und-Rüben-Pasta, 127
    Linguine mit Sardellen, Petersilie und
        Walnüssen, 70
    Orzosalat, 94
    Rigatoni mit Fleischragout, 80
    Selbst gemacht, zubereiten, 74–79
    Thymianspätzle, 153
Pekannüsse
    Cerealien-Cupcakes, 146
    Nutellabrötchen, 31
Pesto, Rucola-, 154
Pfirsiche, gegrillt, Salat, 37
Pilze
    Frische Garganelli mit Tomaten, Stein-
        pilzen, Guanciale und Pecorino, 73
    Shiitakebrühe, 154
    Shiitake-Ingwer-Suppe mit Knoblauch-
        Hähnchen-Klößen, 68
    Waldpilze mit Rosmarinkartoffeln, 61
Pizza, zu Hause selber machen 62–65
Pizzateig, 63
Polenta mit Käse, pochierten Eiern
    und sautiertem Spargel, 27

Popcorn
    Apfel-Zimt-Popcorn, 129
    Grundrezept, 128
    Hippie-Popcorn, 129
    Wandermischung mit Popcorn, 129
    Würziges Chili-Zitrus-Popcorn, 129
Projekte
    Cocktails, 86
    Einlegen, 44
    Perfekte Pasta, 74
    Popcorn, 128
    Sandwiches, 134
    Speck selber machen, 24
    Vergessen Sie Tiefkühlpizza, 62
Prosciutto
    Gegrillter Pfirsichsalat, 37
Pulled Pork, 81

R

Räucherlachs
    Räucherlachs-Sauce, 22
    The Seabiscuit, 135
Reis
    Avgolemono, 90
    Gebratener Reis, 126
Rigatoni mit Fleischragout, 80
Rind
    Das Adam-Sandler-Sandwich, 138
    Das Wurst-Klopse-Sandwich, 137
    Gegrilltes Flankensteak mit Chili-
        Gewürzmischung, 48
    Gegrilltes Fleischklops-Sandwich, 43
    Hochrippe Korea-Art , 66
    Rigatoni mit Fleischragout, 80
Rote Bete
    Eingelegte Rote Bete, 47
    Rote-Bete-Joghurt-Salat, 58
Rucolapesto, 154

S

S'mores mit Ahornsirup-Bourbon-
    Marshmallows, 151
Saisonale Granitas, 147
Salat
    Endiviensalat mit warmer Sardellen-
        vinaigrette, 112

Gegrillter Pfirsichsalat, 37
Gegrillter Romana-Speck-Salat, 38
Gegrillter Traubensalat mit Haselnüssen
    und Blauschimmelkäse, 39
Gurkensalat, 119
Jalapeño-Kohl, 103
Orzosalat, 94
Rote-Bete-Joghurt-Salat, 58
Sommer-Panzanella, 40
Salsa, Tomatillo-, 19
Sandwiches
    Brote für, 139
    Das Adam-Sandler-Sandwich, 138
    Das Wurst-Klopse-Sandwich, 137
    Der Besoffene, 138
    Der Makkabi, 136
    Die Turks und Caicos, 136
    Frühstück von Monte Christo, 16
    Gegrilltes Fleischklops-Sandwich, 43
    Luise, der Fisch, 139
    Spiegeleisandwich, 133
    The Holy Schnitz, 135
    The Seabiscuit, 135
    Zubereiten, Tipps fürs, 134, 137
Sardellen
    Endiviensalat mit warmer Sardellen-
        vinaigrette, 112
    Linguine mit Sardellen, Petersilie
        und Walnüssen, 70
Saucen
    Apfelsauce, 22
    Chorizo-Sauce, 152
    Einfache Pizzasauce, 63
    Räucherlachs-Sauce, 22
    Tomatillosalsa, 19
Sautierter Grünkohl mit Mandeln
    und Korinthen, 55
Schinken
    Bauernmarkt-Frittata, 130
    Gegrillter Pfirsichsalat, 37
Schokoladen-Erdnussbutter-Pie, 142
Schokolade
    Schokoladen-Erdnussbutter-Pie, 142
    Schokoladen-Espresso-Tarte ohne Mehl,
        145

S'mores mit Ahornsirup-Bourbon-
   Marshmallows, 151
Schokoladen-Espresso-Tarte ohne Mehl,
   145
Wandermischung mit Popcorn, 129
Schwein. *Siehe auch* Speck, Schinken,
   Würstchen
   Das Adam Sandler-Sandwich, 138
   Das Wurst-Fleischklopse-Sandwich, 137
   Frische Garganelli mit Tomaten, Stein-
      pilzen, Guanciale und Pecorino, 73
   Pulled Pork, 81
   Rigatoni mit Fleischragout, 80
   Schweinekoteletts mit Apfelchutney,
      109
The Seabiscuit, 135
Shiitake-Ingwer-Suppe mit Knoblauch-
   Hähnchen-Klößen, 68
Shiitake-Brühe, 154
Sommer-Panzanella, 40
Spätzle, Thymian-, 153
Spargel, Polenta mit Käse, pochierten
   Eiern und sautiertem, 27
Speck
   Bauernmarkt-Frittata, 130
   Der Besoffene, 138
   Die Turks und Caicos, 136
   Gegrillter Romana-Speck-Salat, 38
   Geschmorter Rotkohl mit Karotten und
      Speck, 118
   Pökeln und Räuchern, 24–25
Spiegeleisandwich, 133
Spinat
   Gebackene türkische Eier, 30
Suppen
   Avgolemono, 90
   Geröstete Maissuppe, 102
   Shiitake-Ingwer-Suppe mit Knoblauch-
      Hähnchen-Klößen, 68
   Wassermelonen-Gazpacho, 34

T
Tacos, Fisch-, mit Tomatillosalsa, 98
Tartes
   Birnentarte, 114
   Schokoladen-Espresso-Tarte ohne Mehl,
      145

Zwiebel-Gruyère-Kartoffel-Tarte, 28
The Holy Schnitz, 135
Thymianspätzle, 153
Tomaten
   Bluttransfusion, 89
   Einfache Pizzasauce, 63
   Frische Garganelli mit Tomaten, Stein-
      pilzen, Guanciale und Pecorino, 73
   Gebackene türkische Eier, 30
   Geröstetes Wurzelgemüse mit
      Romescosauce, 113
   Sommer-Panzanella, 40
Tomatillosalsa, 19
Tortillas und Tortillachips
   Der Besoffene, 138
   Chilaquiles mit Tomatillosalsa, 19
   Fischtacos mit Tomatillosalsa, 98
Trauben, gegrillte, mit Haselnüssen und
   Blauschimmelkäse, 39

U
Überbackene Zucchini, 54

V
Vollkornkekse
   Schokoladen-Erdnussbutter-Pie, 142
   S'mores mit Ahornsirup-Bourbon-
      Marshmallows, 151

W
Wachsbohnen, Eingelegte, 46
Waffeln, Frittiertes Hähnchen und, 20
Waldpilze mit Rosmarin-Kartoffeln, 61
Walnüsse
   Linguine mit Sardellen, Petersilie
      und Walnüssen, 70
   Rucolapesto, 154
Wandermischung mit Popcorn, 129
Wassermelonen-Gazpacho, 34

Würstchen
   Buttermilchkekse mit Chorizosauce, 21
   Chorizosauce, 152
   Das Wurst-Klopse-Sandwich, 137
Würziges Aioli, 154
Würziges Chili-Zitrus-Popcorn, 129

Z
Za'atar, 154
Zimt
   Apfel-Zimt-Popcorn, 129
   Zimt-Churros, 105
Zitronen
   Avgolemono, 90
   Würziges Chili-Zitrus-Popcorn, 129
   Zitronen-Limetten-Granita, 147
Zucchini, überbackene, 54
Zwiebeln
   Gerösteter Blumenkohl
      mit Röstzwiebeln, 83
   Zwiebel-Gruyère-Kartoffel-Tarte, 28

MAX SUSSMAN

Meine Leute: Was soll man zu Eltern sagen, die einen so unterstützen und ermuntern? Danke, dass ihr immer auf meiner Seite wart. Carlo: Die Zeit, in der wir bei Roberta's zusammen gearbeitet haben, hat meine Vorstellung von Qualität, Kreativität und davon, was gutes Essen für mich bedeutet, geschärft und verbessert. Das sieht man diesem Buch hoffentlich an. Ich will dir auch dafür danken, dass du während meiner Zeit bei Roberta's zugelassen und gefördert hast, dass dieses Buch entsteht. Es waren die interessantesten 2 Jahre meines Lebens. Alle bei Roberta's: Was für eine tolle Truppe Verrückter! Ich liebe euch alle. Besonders die Küchenmanschaft: Ich habe nicht nah am Wasser gebaut, aber manchmal, wenn ich an euch denke, fällt mir Captain Picard ein, wie nach der Rückkehr von seiner Zeitreise in Teil 2 von "All Good Things" zu seiner Enterprise-Crew spricht. Sie seien die beste Mannschaft gewesen, mit der er je zusammenarbeiten würde. Sie kannten ihn zwar noch nicht, aber er wusste, wie fantastisch sie sind. Klasse Episode. Trinkt ausreichend, bitte. Alex, Ben, Eisha, Erica, Kate, Mark, Rachel, Evan, Lulu & Ben: Danke, dass ihr so toll ausgesehen habt, während ihr unser Essen so superlangsam essen musstet. Kate: Dem Menschen, der die ganze Zeit dabei war und auf dessen Rat ich immer hören sollte, danke für alles. April: Mit dir zu arbeiten, wenn auch nur kurz, war eine der lehrreichsten Erfahrungen, die ich je gemacht habe. Was ich von dir aufgesogen habe, wird mich immer begleiten. Alison: Dir und deiner Crew herzlichen Dank für die Einführung in die Geheimnisse des Food-Stylings. Wir sehen jetzt Sprayflaschen und Mini-Taschenlampen mit anderen Augen.

ELI SUSSMAN

Ema and Abba: Danke für meine beiden Hirnhälften, die künstlerische und die analytische. Für meine angeborenen Fähigkeiten vom Fluchen bis zum Listenmachen. Dafür, dass ihr mich zu einem guten Menschen gemacht habt. Für alles, was passiert ist und passieren wird – danke. Max: Meinem Komplizen und dem besten Lehrer und Mentor, den ein junger Koch und Bruder haben kann. Noch ein gemeinsames Kochbuch, und ich will dich immer noch nicht umbringen. Kate: Danke, dass du die nervige Schwester bist, die sich nicht fürchtet, es mir zu sagen, wenn ich mich idiotisch verhalte, immer Feedback gibt und für dein glamouröses Modeln im Buch. Max Aronson: Du nennst die Dinge beim Namen, und das ist gut so.

Es tut mir leid, dass ich beim Kochen immer betrunken war und eingeschlafen bin, als wir zusammen wohnten. Sam, Michael & Matt: Bessere Lehrer kann ich mir nicht vorstellen. In eure Köpfe zu schauen und von euch lernen zu können, ist das größte Geschenk, das mir NYC gemacht hat. Noah und Rae: Man kann sich keine besseren, unterstützenderen Bosse vorstellen. Danke für die warmherzige Aufnahme in eure Familie. Joy, Judy & Christine: Danke für alles, was ich bei Taste of the Nation L.A. von euch gelernt habe!

VON MAX UND ELI

Nana und Papa: Ohne die unglaubliche Unterstützung der Familie, die ihr führt, hätten wir die Dinge niemals so hinbekommen. Danke, dass ihr bei all unseren Schritten dicht hinter uns steht. Tanten, Onkel, Cousinen und Cousins: Ihr seid unglaublich! Danke, dass jeder von euch 20 Exemplare kauft! (ok, 50! Klar, 100!), und dass ihr Rezepte getestet habt (und nicht davon genervt seid, dass wir nur übers Essen reden). Rezepttester: Ohne euch, die ihr eure Zeit und euer Geld investiert habt, um uns zu helfen, gute und funktionierende Rezepte zu schreiben, hätten wir das nie fertigbekommen. Williams-Sonoma: Danke für die Gelegenheit. Wir schätzen sehr, wieviel Zeit und Aufwand so viele eurer wunderbaren Mitarbeiter investiert haben, um dieses Projekt Realität werden zu lassen. Wir sind geehrt, mit einer so tollen Firma zu tun zu haben. Wir hoffen, euch alle sehr stolz gemacht zu haben. Ali, Amy, Hannah & Gonzalo: Ohne euch und das Weldon-Owen-Team wären wir verloren gewesen und das Buch würde sich so lesen: "Wilkomen in einem Kchbuch von Maxi and Elie Sussmane. Wir liben lekers Esen kcohen stadt." Außerdem würde es Scheiße aussehen und wäre niemals fertig geworden. Für eure Kompetenz, Leitung, und – darüber hinaus – eure Geduld verdient ihr ein paar von uns gemixte Cocktails. Alex: Wir wollten doch nur, dass du uns im Buch halb so gut aussehen lässt wie im richtigen Leben. Mission erfüllt, Sir, Mission erfüllt. Eric Rayman, unser Anwalt: Danke fürs Verhandeln der Verträge. Diese Danksagung tippen wir auf unseren juwelenbesetzten iPads auf unserer Privatyacht in St. Tropez. Das war richtig erstklassige Arbeit! Jean Armstrong: Du hast an uns geglaubt und ein Jahr lang dafür gekämpft, dass dieses Buch entsteht. Vom ersten Treffen an und immer, wenn wir Mails austauschen, ist Dein Enthusiasmus und Deine Fähigkeit, die Dinge einfach zu machen, ansteckend und inspirierend.

Die Originalausgabe erschien 2012 unter dem Titel
This is A Cookbook. Recipes for real life
bei
Olive Press
Weldon Owen, Inc.
415 Jackson Street, Suite 200
San Francisco, CA 94111
www.weldonowen.com

© 2013 der deutschen Ausgabe
Verlag Georg D.W. Callwey GmbH & Co. KG
Streitfeldstraße 35
D-81673 München
www.callwey.de
E-Mail: buch@callwey.de

Rezepte und Text
© 2012 Eli Sussman und Max Sussman
Bilder und Illustrationen
© 2012 Weldon Owen, Inc.

Die Deutsche Nationalbibliothek verzeichnet diese Publikation
in der Deutschen Nationalbibliografie; detaillierte biblio-
grafische Daten sind im Internet über <http://dnb.d-nb.de>
abrufbar.

ISBN 978-3-7667-2001-6

Übersetzung aus dem Englischen: Bettina Snowdon, Hamburg
Satz und Lektorat: Print Company Verlagsges.m.b.H., Wien
Umschlaggestaltung: Anzinger I Wüschner I Rasp, Agentur für
Kommunikation GmbH, Triftstraße 13, 80538 München

Printed and bound in China